GUANGDONGSHENG ROAD TRANSPORT ANNUAL REPORT

广东省道路运输发展报告

（2016）

广 东 省 交 通 运 输 厅
广东省道路运输管理局 编

人民交通出版社股份有限公司
China Communications Press Co.,Ltd.

图书在版编目（CIP）数据

广东省道路运输发展报告 . 2016 / 广东省交通运输厅，广东省道路运输管理局编 . — 北京：人民交通出版社股份有限公司，2017.9
ISBN 978-7-114-14160-7

Ⅰ . ①广… Ⅱ . ①广… ②广… Ⅲ . ①公路运输发展—研究报告—广东—2016 Ⅳ . ① F542.865

中国版本图书馆 CIP 数据核字 (2017) 第 219156 号

书　　名：广东省道路运输发展报告（2016）
著 作 者：广东省交通运输厅　广东省道路运输管理局
责任编辑：郭红蕊　闫吉维
出版发行：人民交通出版社股份有限公司
地　　址：（100011）北京市朝阳区安定门外外馆斜街3号
网　　址：http://www.ccpress.com.cn
销售电话：（010）59757973
总 经 销：人民交通出版社股份有限公司发行部
经　　销：各地新华书店
印　　刷：中国电影出版社印刷厂
开　　本：880×1230　1/16
印　　张：6.5
字　　数：126千
版　　次：2017年9月　第1版
印　　次：2017年9月　第1次印刷
书　　号：ISBN 978-7-114-14160-7
定　　价：80.00元

编辑委员会

编写工作组

编写说明

为全面、客观、系统地反映2016年度广东省道路运输发展现状，并为道路运输行业和各界研究问题及决策提供参考，广东省交通运输厅组织编写了《广东道路运输发展报告（2016）》。本报告由广东省道路运输管理局具体负责编写，并征求了相关单位、专家的意见。广东省交通运输厅相关处室参与了本报告的审稿工作，并提出了修改意见和建议。

本报告所使用的案例和素材来自广东省交通运输厅、广东省道路运输管理局、广东省各地市交通运输主管部门及道路运输管理机构，以及《中国交通报》等媒体。

除特别说明外，本报告使用的统计数据来源于2016年交通运输行业发展统计公报、2016年广东国民经济和社会发展统计公报、广东统计年鉴，以及交通运输部运输服务司、广东省交通运输厅综合规划处和综合运输处、广东省道路运输协会、城市公共交通协会等机构的统计材料。自2013年开始，交通运输部对公路运输量统计口径进行了调整，本报告相关数据的同期比较均按可比口径计算。部分数据合成数或相对数由于单位取舍不同而产生的计算误差，未做机械调整。

本报告中有关道路运输政策的内容，是对部分现行法律、法规和政策的综述和解读，可作为了解广东省道路运输发展政策的线索。必要时，读者应查阅使用相关正式文件。

Contents
目录

● 地方采风

综述篇 ZONG SHU PIAN

第1章 总　论

1.1 发展概述

2016年是“十三五”开局之年，广东省（以下简称全省、我省或省）道路运输系统牢固树立创新、协调、绿色、开放、共享的理念，贯彻落实全国、全省交通运输工作会议精神，主动适应经济发展新常态，创新提升行业服务水平和治理能力，圆满完成各项目标任务，为全省经济社会快速发展提供有力保障，实现了“十三五”良好开局。

1.1.1 行业继续转型升级

（1）深化道路客运行业改革试点，推动道路客运行业简政放权

深入贯彻落实党的十八大和交通运输部全面深化改革精神，激发道路客运企业的市场活力，发挥道路客运在综合运输体系中的比较优势，广东省交通运输厅（以下简称省厅）以提高人民群众出行满意度为核心，以深化体制机制改革为重点，遵循市场规律，扎实开展改革试点，全力构建统一开放、竞争有序、安全高效的道路客运现代化市场体系，全面提升道路客运行业服务水平。

《广东省交通运输厅关于进一步深化道路客运行业改革的意见》（以下简称《意见》）鼓励全省各地道路客运企业开展道路客运企业自主组客、联程联运服务、个性化出行服务、地区行业管理改革等试点项目申报。目前，全省已有7家道路运输企业的试点方案通过评估并获省厅批复同意，其余部分试点申报方案也将加快评估工作。7家道路运输企业的试点方案为：

①深圳市运发集团股份有限公司：自主组客、联程联运。

②广州交通集团有限公司：建设互联网出行服务信息平台、定制客运、设置配客点、完善“站场点群”服务网络。

③深圳市斯为美汽车运输有限公司：个性化出行服务和新能源汽车使用。

④广州市第二公共汽车公司：定制客运、商务专线试点企业。

⑤广州快搭商旅客运有限公司：定制屋村巴士、通勤车、校园专线。

⑥粤港汽车运输联营有限公司：联程联运。

⑦广东粤运交通股份有限公司：个性化服务、自主组客、联程联运。

各试点项目试点期均为2年，试点工作满1年后，由各指导单位组织开展中期评估，从安全、服务和维稳等方面总结存在的问题和提出下一步试点建议。省厅将结合相关问题和建

议对试点内容和要求作出必要调整。试点工作满2年，由省厅会同各指导单位组织验收，总结成功经验和好的做法，在全省推广。

通过试点工作，各有关单位和企业积极探索改革试点路径和监管模式，努力创建自己的品牌，明确了重点客运服务对象，提高了服务品质和竞争力。

为确保《意见》落实到位，广东省交通运输厅陆续出台了有关配套措施，取得了一定实效：

一是下发《广东省交通运输厅关于调整道路客运许可事项变更办理流程的通知》。根据《意见》对简政放权的总体要求，对广东省道路客运领域部分许可变更业务办理方式予以简化，由审核管理调整为备案管理。调整的范围包括：省、市际客运班线和市际客运包车使用权单位、车辆及类型等级变更；省际客运班线班车类别、本省站变更；市际客运班线班车类别、途经线路及里程、起讫站、沿途配客站变更；受轨道交通影响的市际客运班车暂停、恢复运营报备。同一事项连续两次变更的时间间隔不少于180天。办理以上客运许可变更及相关业务，需通过广东省道路运输管理信息网的“广东省道路运输企业服务平台”填写相关信息完成备案。自2015年6月份至今，企业通过网上报备变更事项达7 000多项。

二是下发《广东省交通运输厅关于省市际客运班车调整为市际包车有关事项的通知》。加快城际道路客运结构调整，优化城际道路客运资源配置。以下三种情况，如确实受高铁或城际轨道实质影响，允许调整为市际包车：省际客运班线起讫站所在地级市均有高铁或城际轨道交通站点；市际客运班线起讫站所在节点地均有高铁或城际轨道交通站点；市际客运班线一端站点所在节点地有高铁或城际轨道交通站点，另一端站点距最近的高铁或城际轨道交通站点距离不超过30公里。目前共调整班车转包车指标226个（省际146个，市际80个）。

三是下发《广东省交通运输厅关于市际客运班线跨节点调整起讫站场有关问题的通知》。优化配置道路客运存量运力资源，提高运力利用效率，满足新形势下道路客运服务需求，对客运需求常年不足的市际客运班线，凡经营权有效期剩余2年以上的，可由企业按照调整规则自主申报跨节点调整起讫站场，以优化线路走向，更好地服务群众出行。目前共受理企业自主申请664块标志牌的跨节点调整。

此外，我省充分运用信息技术手段，推进道路运输业务网上办理工作。在传统运政业务基础上，多项改革举措均通过系统在网上实现，无需企业再到实体大厅申请，实现了全流程网上办理、家门口办理，多项业务均由企业自主申报和系统自动审核备案，条件满足即可获批，大大提高办理效率。

（2）推进道路运输车辆技术管理改革

一是起草贯彻落实《道路运输车辆技术管理规定》（交通运输部2016年1号令）的实施意见，加速道路运输车辆技术管理创新，强化市场准入和事中事后监管；二是研究确定了广东省道路运输车辆车型技术参数库结构，建立了包含44 195条车型数据、2 869个发动机参数及15.4万条车型与发动机组合数据的车型技术参数库，满足了我省道路运输车辆综合性能检测（以下简称综检）的使用要求，为推动我省道路运输综合性能检测基准的统一及综检区域的放开奠定了基础；三是研究制订并印发了我省道路运输车辆年审改革工作实施方案，推行道路运输车辆审验网上申办、审验项目系统自动校验、审验信息自助更新等便民措施。在广州、中山两地开展了年审改革试点工作，并在全省 137 家综检站部署了车辆年审便民服务设备。

自 2017 年 1 月 1 日起，我省 74 万多个道路客货运输经营者将可以通过互联网完成车辆审验网上申办业务，通过全省任一家综检站或联网售票示范汽车客运站实现道路运输证 IC 卡审验信息的自助更新，基本实现在全省范围内办理车辆审验业务“零上门”；在方便道路客货运输经营者的同时，也为改善城市交通拥堵、减少汽车尾气排放等方面作出了重要贡献。

（3）推进机动车维修企业绿色发展

贯彻落实广东省交通运输厅等十部门《关于促进汽车维修业转型升级提升服务质量实施意见》，结合相关课题研究工作，研究制订了“绿色维修”企业创建标准，并组织相关行业专家对企业创建标准进行了评审，在专家评审的基础上进一步完善了“绿色维修”企业创建标准。制订了《“绿色维修”企业试点工作方案》，在广州市分别选取代表性的二、三类机动车维修企业作为试点，部署并正式启动了“绿色维修”企业试点建设工作。

（4）推动驾驶培训（以下简称驾培）行业改革

按照国务院关于推进机动车驾驶人培训制度改革的实施意见和总要求，在全省调研基础上，根据厅的部署，联合省公安厅起草出台《广东省公安厅　省交通运输厅关于机动车驾驶人培训考试制度改革实施方案》（粤府办〔2016〕77 号），明确我省未来 3 年驾培改革的目标任务。配合交通运输部（以下简称部）运输服务司完成《机动车驾驶培训教学与考试大纲》《机动车驾驶员计时培训系统平台技术规范》《机动车驾驶员计时培训系统计时终端技术规范》及《机动车驾驶培训服务标准化合同文本（样本）》修订工作。

（5）完成驾培服务新模式改革指令性任务

组织全省机动车驾培机构培训服务模式改革座谈会及驾培改革政策宣贯培训，在顺德召开推进驾培服务模式改革现场会，督促各地落实计时培训、按学时收费、先培训后付费服务模式，2016 年圆满完成了交通运输部提出的“2016 年度实现计时培训、按学时收费、先培训后付费服务模式的驾培机构覆盖率达 50% 以上”的指令性任务。截至 2017 年 4 月底，全省共有 747 家驾培机构提供“计时培训、计时收费、先培后付”服务模式，约占全省机动车驾培机构总数的 85%，提前完成 2017 年机动车驾培机构培训服务模式改革覆盖率 80% 以上的目标。

（6）扎实推进驾驶培训监管服务平台试点工作

贯彻落实《国务院办公厅转发公安部　交通运输部关于推进机动车驾驶人培训考试制度改革意见的通知》（国办发〔2015〕88 号）、《广东省人民政府办公厅转发省公安厅　省交通运输厅关于推进机动车驾驶人培训考试制度改革实施方案的通知》（粤府办〔2016〕77号）等相关要求，在佛山市顺德区开展机动车驾培改革综合试点，建设省级机动车驾驶培训监管服务平台，完善监管部门、驾培机构、行业协会等各方的工作机制。在中国交通通信信息中心的技术支持下，目前省级驾培监管平台建设已进入平台对接后续数据联网的工作阶段，截至5月15日14时，全省共有29家计时平台运营商开展了计时平台对接工作，共有810家驾培机构完成了系统备案，完成率达89.4%；共有11 695辆教练车、12 550名教练员、320 488名学员信息完成了数据上传工作，为下一步省级驾培监管平台与公安考试系统对接工作奠定了基础。

（7）加强与公安交通管理（以下简称交管）部门的沟通协调

切实推进驾驶培训与考试制度改革工作，实现培训与考试信息共享，强化与公安交管部门的沟通协调，协调解决驾驶培训与考试制度改革工作中重点和难点问题；总结顺德试点工作，协调省级驾培监管平台与考试系统对接相关事宜；配合公安交管部门妥善处理好取消长途考试项目的后续工作；联合公安部门到顺德现场观摩监管服务平台审核功能演示，进一步推进省级驾培监管平台与公安考试系统对接等工作。

（8）协调解决了长期制约驾培行业的7个突出问题

一是协调省公安部门取消长途考试，大大减轻驾校的负担和安全压力，有效防范驾培工作中的不正之风；二是解决了异地户籍报考培训问题，方便学员报名和驾校招生；三是解决了教练员担任考试安全员问题，减轻了企业的经济负担和安全责任；四是协调公安交管部门在全省各地市统一划定科目三培训路段，减少安全隐患，防止违规培训；五是有效解决了部分地市考能不足的问题，明确约考60天后还不能安排考试的，可以就近去相邻地市考试；六是达成取消许可后教练员资格备案工作的共识，解除教练员科目三上路教学的后顾之忧；七是建立教练车准入和退出联动机制，控制教练车无序增长的局面。

（9）完成驾驶培训计时系统与公安考试系统对接的前期准备工作

优化了省监管服务平台的功能模块和数据传输逻辑；明确了企业基础信息数据项和上传格式；完成学时数据审核功能测试，平台对接后续数据联网工作已基本完成。联合公安部门到顺德现场观摩监管服务平台审核功能演示。

1.1.2 服务保障能力进一步提升

（1）推进行业诚信评价工作

起草印发了《广东省交通运输厅关于道路运输企业诚信评价的管理办法》《广东省交通运输厅关于道路运输驾驶员诚信评价的管理办法》《广东省交通运输厅关于机动车驾驶培训教练员诚信评价的管理办法》，依托企业和从业人员诚信评价信息系统，以信息化手段开展诚信评价工作，强化道路运输行业事中事后监管。

（2）加强长途客运管理

一是落实夜间运行政策。开发“省内凌晨2时至5时运营客车备案流程”，与公安交管部门夜间运行客运车辆信息的实时共享，落实凌晨2时至5时运行政策，妥善解决集疏运车辆通行问题，确保省内夜间运行的集疏运、应急保障、公铁联运等营运车辆运行。二是推动落实长途客运接驳运输联盟工作。我省两个接驳运输联盟已经全面开展接驳运输工作，联盟共有成员企业33家，设置接驳运输点18个，参与接驳运输线路495条，接驳运输车辆805辆。同时督促联盟理事长单位切实履行接驳点管理主体责任，对10个接驳点配备了视频监控设备，强化了接驳点的远程监控管理。

（3）规范道路新业态经营管理

做好网约城际客运调查研判工作。针对互联网平台利用大巴车开展网约城际客运，组织地市开展互联网平台摸查，对市场影响面大的平台公司开展暗访调查和约谈，多次组织厅有关处室、专家专题研究分析互联网城际客运问题，形成专题调研报告经省厅报省政府参考决策。该报告提出有关措施建议，获得省领导批示同意。

（4）推进从业人员管理工作

贯彻落实交通运输部等5部门关于道路运输从业人员素质提升的实施意见，结合我省工作实际，起草并推动出台我省《道路运输从业人员素质提升工程实施方案》；组织全省从业人员素质提升工作会议。

（5）启动大客货车驾驶员职业教育推广应用基础性工作

赴云南省进行实地调研，学习借鉴交通运输部开展的大型职业教育试点的工作经验，探索完善职业教育培训体系，结合我省工作实际，联合省道路运输协会启动了课题研究工作，为我省下一步推进大型客货车驾驶员职业教育试点工作奠定了理论基础。

（6）完善道路运输从业人员从业资格考试体系

联合广州、深圳开展从业资格考试考核员续期换证及初次申领培训工作，解决各地从业资格考核员不足问题，加强了全省从业资格考试考核员队伍建设。组织地市参加道路运输从业人员素质提升工程政策宣贯暨骨干师资培训。推进出租汽车驾驶员从业资格全国公共科目考试题库更新工作。

通过调研，基本摸清了道路运输从业人员管理现状，查找了从业人员管理中存在的问题，初步确立了“以解决行业短板问题为突破口，以基地教育为依托、以技能竞赛为载体、以职业教育为抓手”的总体工作思路。

1.1.3 行业智能化加快发展

（1）推进信息平台互联互通

做好我省与全国运政管理信息系统、货运平台、车辆联网联控系统的互联互通。实现运政系统实时报送模块的开发并新增业务办理接口 22 项，提前完成交通运输部运政联网任务；全面完成我省 12 吨以上重型货运车辆与全国货运平台的互联互通工作；开展跨省业务联办的数据应用及信息共享，实现从业人员转籍等业务联办；根据交通运输部的工作进度安排，全面完善车辆动态监控等数据报送的工作机制，确保各项数据按时按质报送，建设车辆联网联控考核管理系统。

（2）落实“互联网 +”运输服务行动

全面梳理省运政系统流程，根据政策变化和道路客运行业改革、驾驶培训制度改革、车辆年审改革工作需要，推进省运政系统升级改造，实现客运班线跨节点调整、班车调整包车等客运业务网上办理；推进驾驶培训监管服务平台系统对接，开发“互联网 +”年审系统，并组织开展新运政系统使用的培训。根据省政府要求，推动全省道路运输许可业务一站式办理。推进道路运输证与粤通卡“两卡合一”，向试点企业发放测试卡片开展试点工作。完成粤闽从业人员档案电子化试点工作，形成《道路运输从业人员档案电子化规范》报部运输服务司。协助厅开展 2016 年中国（小谷围）“互联网 + 交通运输”创新创业大赛，参与创客大赛资源池和高校创客大赛等工作。

（3）完善省道路运输大数据中心建设

委托交通运输部科学研究院，对广东省道路运输大数据中心进行顶层设计和未来发展的研究。通过借鉴先进省份的做法并结合我省实际情况，制定出一套适合我省道路运输大数据中心发展的顶层设计规划和未来发展方案。将省道路运输数据中心打造成为公众提供信息服务的平台，为行业提供信息交换的枢纽，为政府提供行业支持和决策分析的手段，实现行业日常管理监测、信息收集存储、数据挖掘分析以及信息服务四大功能的整合。在数据分析和信息汇总的基础上，运营广东省道路运输管理局微信公众号，为行业和社会工作提供业务咨询和信息服务。

（4）推进公交一卡通和一号通建设

推进全国公交一卡通互联互通工作，实现韶关等 7 个地市、100 条公交线路、1 071 辆公交车均可使用全国公交一卡通。协助厅出台《广东省公交一卡通管理办法》并做好宣贯，完成对岭南通公司 2015 年考核工作。在做好省道路运输一号通 96990 与全国交通运输服务监督电话 12328 有效衔接的基础上，根据厅的批复，做好 96990 停止服务的相关工作。

（5）开展运价成本指数监测

组织广州、深圳两地交通主管部门，以及 3 家协会、11 个货运场站和 90 多家企业成本监测样本企业参与试点工作。及时、准确掌握道路货运价格与成本的总体水平及其变动情况，引导合理运输价格的形成，促进道路货运市场健康发展。运用信息化手段，建设了“广东省道路货运价格与成本监测系统”。实现数据采集网上填报、结果分析一键处理和信息动态发布等功能。

（6）开展运政系统升级与信息服务工作

将运政系统从架构体系上进行升级，在原有的运政业务办理功能的基础上，提供信息服务和决策分析支持。一方面，在系统中建立人、车、户等的电子档案，将管理对象的基础信息，与外部获取的运政违法数据、公安交警处罚数据、联网联控监测数据、诚信评价数据等进行对接，静态数据与动态数据相结合，为基层运管机构提供管理对象的完整画像；另一方面，将动态数据与管理对象的日常业务办理相关联，为基层运管机构提供信息预警服务，并逐步扩大预警服务的范围，将不规范行为及缺失信息、违法违规行为等现象与日常业务挂钩，营造营运企业和从业人员“一处失信，处处受阻”的行业氛围，为行业监管提供有效手段。

此外，还通过不断梳理数据统计口径、清理僵尸数据和冗余数据，逐步提高统计数据的准确度，为决策分析提供更为科学的数据支撑。

（7）开展重点营运车辆联网联控考核系统建设工作

起草《广东省重点营运车辆联网联控管理考核办法（征求意见稿）》并征求各地市意见，根据各地市反馈意见进行修改完善。同时结合我省实际情况，筹备广东省重点营运车辆联网联控管理考核系统的前期设计，待考核办法出台后正式开展系统建设工作。

（8）开展重点营运车辆联网联控监测数据与公路收费数据的融合监管工作

为进一步做好《道路运输车辆动态监督管理办法》（交通运输部〔2014〕5号令）的动态监管工作，针对部分重点营运车辆不按规范使用卫星定位车载终端，导致车辆上传的轨迹与实际运行轨迹存在不一致的现象，对重点营运车辆的卫星定位数据和高速公路出入口数据进行融合分析，实现卫星定位系统和联合电子收费系统融合监管。

1.1.4 行业治理现代化水平全面提升

（1）扎实推进“道路运输平安年”活动

根据交通运输部、公安部、国家安全生产监督管理总局关于开展“道路运输平安年”活动的有关要求，联合省公安厅、省安全生产监督管理局制定下发了《广东省2016年“道路运输平安年”活动实施方案》并组织各地开展活动。协调相关厅局组织开展“道路运输平安年”的督导检查工作。及时对我省2016年平安年活动进行总结，制定2017年“道路运输平安年”活动实施方案。

（2）开展安全生产监督检查工作

制定《2016年道路运输安全生产监督检查计划》，建立了安全督查常态化的工作机制，2016年全年共组织了8次道路运输安全生产综合检查、督导和暗访工作，强化行业安全监管力度。从检查督导的时机看：覆盖了岁末年初、春运、暑期、汛期、“安全生产月”以及G20峰会等重要时期。从检查督导的方式看：既组织开展了综合督查、专项检查，也采取了明察与暗访相结合的方式。从检查督导的覆盖面看：以重点监管地区（汕头、汕尾）和较大事故发生频率高的地市（肇庆）为主，也兼顾东西两翼、粤北地区和珠三角有代表性的地区。从检查督导内容上看：坚持以“两客一危”为核心，严格按照道路运输平安年工作要求，同时也注重主体责任落实、安全生产制度建设和从业人员素质提升。

（3）推进道路运输安全应急管理

制定了《2016年道路运输安全生产重点攻坚治理目标意见》《2016年道路运输安全生产应急演练计划》，并联合肇庆、韶关两市分别开展2016年道路旅客运输突发事件应急救援演练和道路危险货物运输突发事故应急演练活动，有效检验了地市政府突发公共事件应急预案的实用性和可操作性。

（4）创新开展道路运输安全宣传工作

完成了在广东电视台珠江频道开展“安全带—生命带”“平安春运”“正确使用安全锤”等道路运输安全主题公益广告宣传的制作工作，在珠江频道及微信公众号和各地宣传平台上播放，进行春运安全宣传。同时，根据交通运输部的统一安排，向营运客车、站场、高速公路服务区共发放了“安全带—生命带”宣传车贴1.8万组，张贴画2 000组。完成了安全教育片《道路运输安全生产宣传教育系列之客运安全规范篇》的初次审核工作，拟进一步修改完善形成终稿。

通过开展“道路运输平安年”活动，加强道路运输安全生产日常监管，我省道路运输安全基础不断夯实，营运车辆严重交通违法行为大幅减少。总体来看，2016年我省道路运输安全形势较为稳定，道路运输安全事故的宗数和死亡人数实现双降，尤其是较大事故宗数和死亡人数的下降幅度均超过50%。

（5）开展零担运输物流安全管理工作

针对大件物品、长期客户、信用客户托运物品开箱验视的过程中存在的问题，牵头编写《广东省交通运输厅关于道路运输零担货物开箱验视的工作指引》，指导运输企业在受理环节落实货物安检制度，组织各地市利用门户网站、公交车和出租车LED显示屏、悬挂横幅标语、派发宣传单张等多渠道多途径开展物流安全宣传。

1.2 发展贡献

2016年，我省道路运输业平稳发展，在综合运输体系中承担重要的基础性作用，有效满足社会客货运输需求，为社会提供了大量就业岗位，为国民经济快速发展提供了有力支撑。

1.2.1 直接贡献

2016年，全省道路旅客运输量10.2亿人，客运周转量1 079.3亿人·公里，比2015年分别增长4.0%和4.3%，分别占全省各种运输方式完成旅客运输量与旅客运输周转量的70.7%和28.3%，占全国旅客运输量与旅客运输周转量的6.6%和10.5%。

全省城市公共交通完成客运量 125.2 亿人次（含轮渡等）。其中，城市公共汽电车客运量 69.9 亿人次，日均客运量 1 914.2 万人次；出租汽车客运量 18.5 亿人次，日均客运量 508 万人次；城市轨道交通客运量 38.9 亿人次，日均客运量 1 065.7 万人次。

全省道路货物运输量 27.2 亿吨，货物周转量 3 376.8 亿吨·公里，比 2015 年分别增长 6.4% 和 8.6%。分别占全省各种运输方式完成货物运输量与货物运输周转量的 72.4% 和 15.3%；占全国道路货物运输量与货物运输周转量的 8.1% 和 5.5%。

全省运输辅助业平稳发展，全年完成机动车维修量 4 769.1 万辆·次，比 2015 年下降 0.89%；完成机动车驾驶员培训 242 万人次，比 2015 年增长 3.1%。

1.2.2 对社会就业的贡献

2016 年，全省道路运输（不含城市公共交通）从业人员共 175.67 万人，约占全年全省社会就业人数的 2.8%。

1.3 发展环境

1.3.1 社会经济环境

（1）经济稳中向好

2016 年，广东省经济运行总体平稳，稳中有进、稳中向好，实现了广东经济“十三五”良好开局。根据统计数据，2016 年广东地区生产总值 79 512.05 亿元，按可比价格计算，同比增长 7.5%。

（2）经济结构持续优化，供给侧结构性改革取得成效

2016 年，广东服务业增加值增长 9.1%，对经济增长贡献率达 61.3%，产业经济总量比重为 4.7：43.2：52.1，第三产业比重同比提高 1.5%。工业结构继续向高端化方向发展。2016 年，广东先进制造业完成增加值同比增长 9.5%，高技术制造业完成增加值增长 11.7%，增幅比规模以上工业分别快 2.8% 和 5.0%，占规模以上工业增加值的比重分别达到 49.3% 和 27.6%。

（3）综合交通基础设施网络加快形成

高速公路建设任务超额完成，广佛肇高速肇庆大旺至封开段、潮惠高速二期、广清高速扩建等 9 项 716 公里（其中新增里程 655 公里）如期建成通车，全省高速公路通车总里程达 7 673 公里，继续保持全国首位；深中通道主体工程等 15 项 782 公里按计划如期开工；加快开展韶关至新丰高速等 15 项 830 公里的前期工作。全省高速公路网进一步完善，高速公路出省通道和相邻地域间通道更加快速便捷，通达效率显著提升，交通基础设施建设对经济社会的先导和带动作用，尤其是作为粤东西北发展抓手的作用更加凸显，交通先行为粤东西北振兴奠定了坚实基础。

普通公路建设养护有力推进。圆满完成全国干线公路养护管理检查“保位争先”目标任务（排名全国省级行政单位第七，比“十一五”期提升一位）。编制印发全省“十三五”公路养护管理发展纲要，公路养护管理水平再上新台阶。组织开展全省公路养护管理检查工作，促进公路养护常态化、规范化开展。落实好民生实事，如期完成818公里公路安全生命防护示范工程。交通精准扶贫初见成效，科学制定三年攻坚方案，加大农村公路建设资金投入，创建全省第一批“四好农村路”示范县，完成新农村公路建设里程5 760公里，稳步推进农村公路安全生命防护工程建设和危桥改造。

1.3.2 政策环境

深化交通运输综合改革攻坚。推广深圳、潮州等地交通运输大部门管理体制改革经验，力争行业管理体制机制进一步完善。加快优化部门行政职能，在公路建设养护管理体制改革、道路客运行业改革试点等方面持续发力，推动交通运输市场化改革有较大进展。加大公共交通管理体制、交通运输事权与支出责任、行业投融资体制等领域的改革试点力度。提炼总结一批具有示范效应的专项改革成果，逐步向全行业复制推广，基本完成省交通运输综合改革试点任务。

深入完善综合交通运输协调机制。充分发挥省交通运输综合改革领导小组的统筹协调作用，以推动省级交通运输大部门管理体制改革为重点，逐步完善省级综合交通运输协调机制。探索综合交通运输体系规划编制和综合运输服务衔接保障机制，通过优化完善综合客运枢纽站场布局，推广联程联运，促进各种运输方式融合高效发展。有效发挥交通运输主管部门在重大节假日旅客运输、现代物流、交通战备等方面的综合协调作用。逐步整合全省交通运输行业数据资源，适度、安全开放源数据，研究推进跨区域、跨部门、跨行业、跨领域数据资源信息共享机制。

补齐交通运输结构性短板。健全粤东西北地区和欠发达乡村的交通运输网络，提高区域内外通达度。加快综合客运枢纽和货运枢纽（物流园区）建设，完善集疏运功能及便民服务设施。推动交通路网与产业园区有效衔接。深入推进交通扶贫脱贫攻坚，加大贫困地区公路建设养护投入力度，精准实施通200人以上自然村共3 000公里公路建设任务。推进“四好农村路”建设，重点开展镇通贫困村公路窄路基路面拓宽改造工程、生命安全防护工程和危桥改造项目。

打造运输服务升级版。抓住旅客联程运输、货物多式联运两个关键环节，推动运输组织管理创新，规范引领各种运输方式、新旧业态融合发展，提升运输服务的经济性和安全性。打造公平便捷、多元高效的客运服务体系，提高公共汽（电）车拥有量和行政村客运通达率，改善公共交通服务水平。构建便捷高效、优质专业的物流运输服务体系，推广多式联运、甩挂运输、江海联运、共同配送等先进货运组织方式，支持发展无车承运人等现代物流模式。

加快综合运输服务示范城市建设，依托综合客运枢纽和高速公路服务区，深入开展公铁、陆空、陆水等联程联运试点。强化贫困地区运输服务保障，采取不同模式提高建制村通客车率，改造建设老旧客运站，积极推进“交通运输＋电商快递”等扶贫模式。

1.4 发展趋势

2017年，全省道路运输工作将以党的十八大和十八届三中、四中、五中、六中全会以及习近平总书记系列讲话精神为指导，全面贯彻落实全国和我省交通运输工作会议部署，坚持稳增长、调结构、惠民生、防风险，围绕创新、协调、绿色、开放、共享五大发展理念，以提高运输服务质量和效益为中心，以推进运输服务供给侧结构性改革为主线，推进“四个交通”建设，促进供给侧结构性改革，突出创新驱动，推动行业治理体系和治理能力现代化，推动运输服务提质增效升级，主动适应经济发展新常态，发挥先行引领作用，精准服务，提升行业软实力，为全面建成小康社会提供更加便捷、优质、绿色、安全的运输服务保障。

（执笔人：郑磊）

行业篇 HANG YE PIAN

第 2 章　道路旅客运输

2016 年，高铁线网日趋完善，私人小汽车出行更加普及，道路运输和互联网的融合发展逐渐从城市出行转向城际客运，传统道路客运行业面临更加多元挑战，改革转型由需要变为迫切。道路客运企业只有牢牢把握好创新转型机遇，推进道路客运供给侧结构性改革，提升道路客运发展质量、服务效能和企业管理能力，充分发挥道路客运比较优势，努力打造道路客运升级版，方能更好地满足经济社会发展和人民群众出行的需要。

2.1　市场主体

2.1.1　数量及规模

截至 2016 年年底，全省道路旅客运输业户共 898 户，比 2015 年增加了 0.67%，企业平均车辆规模微降，由 2015 年的 43.3 辆 / 户降为 42.9 辆 / 户。其中，经营班车客运的有 630 户，经营包车客运的有 359 户，两者兼营的有 137 户，班车客运业户中经营农村客运的有 174 户。道路客运市场方面，发送旅客数量持续下降，以 2017 年春运为例，全省公路累计发送旅客 9 038.5 万人次，同比下降 7.2%，省内共计发送旅客 8 618.7 万人次，同比下降 7.2%，省际共计发送旅客 419.8 万人次，同比下降 7.8%。

从客运车辆业户的地区分布来看，珠三角地区市均拥有的客运业户数最高，为 46 户 / 市，粤东地区的平均数为 20 户 / 市，粤西地区为 27 户 / 市，粤北地区为 38 户 / 市（个体运输户不包含在内）。2016 年全省客运业户数地区分布情况见图 2–1。

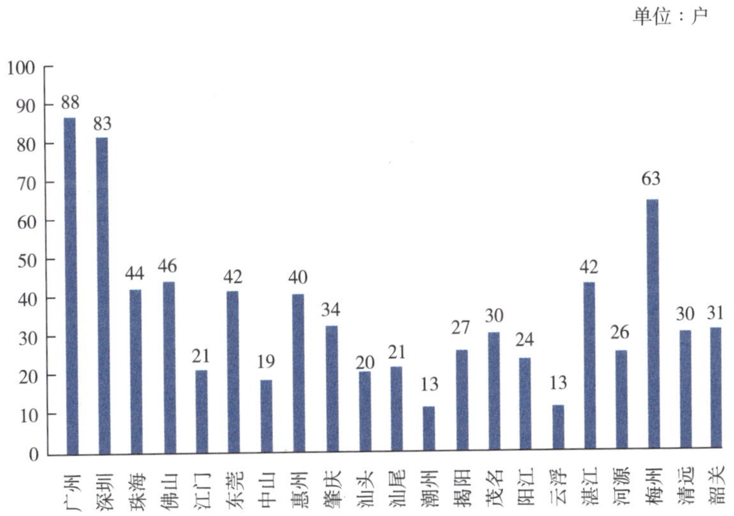

图 2–1　2016 年全省客运业户数地区分布情况

（1）班车客运

2016 年全省班车客运业户 630 户，比 2015 年减少 17 户，户均车辆规模 42.7 辆 / 户，与 2015 年持平。其中经营省际班车客运业户数为 153 户，经营市际班车客运业户数为 320 户。

按照车辆数划分，拥有 100 辆及以上的业户为 77 户，比 2015 年减少了 33 户；拥有 50 ~ 99 辆的业户为 114 户，比 2015 年减少了 41 户；拥有 10 ~ 49 辆的业户为 189 户，比 2015 年减少了 120 户；拥有 10 辆以下的业户为 46 户（含个体业户），比 2015 年减少 70 户。2015 年、2016 年广东省班车客运业户构成情况见图 2–2。数据显示，车辆数低于 50 辆的班车客运经营企业数量较大，反映我省班车客运企业集约化、规模化经营程度较低。

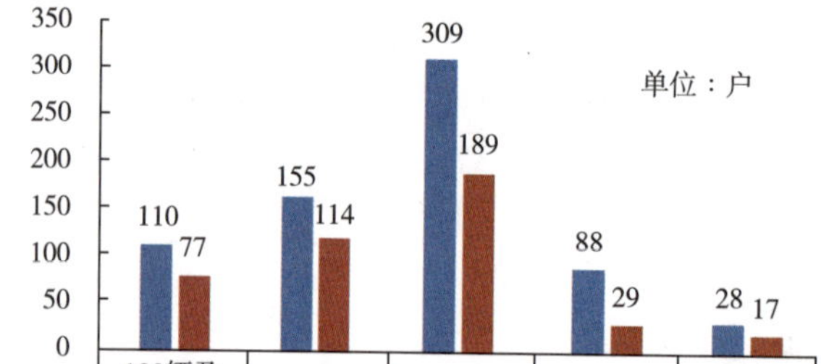

	100辆及以上	50~99辆	10~49辆	5~9辆	5辆以下
2015年	110	155	309	88	28
2016年	77	114	189	29	17

图 2–2　2015 年、2016 年广东省班车客运业户构成图

（2）包车客运

2016 年全省包车客运业户数 359 户，比 2015 年增加了 3 户，户均车辆规模微增，由 2015 年的 31 辆 / 户增加为 32 辆 / 户，增加了 3.22%。2015 年、2016 年全省包车客运业户构成见图 2–3。

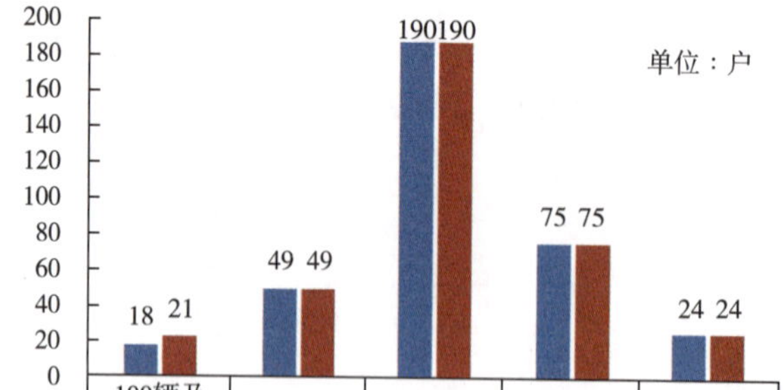

	100辆及以上	50~99辆	10~49辆	5~9辆	5辆以下
2015年	18	49	190	75	24
2016年	21	49	190	75	24

图 2–3　2015 年、2016 年广东省包车客运业户构成图

2.1.2　从业人员

截至 2016 年年底，全省道路旅客运输从业人员共 37 万人，与 2015 年度基本持平。其中，客运驾驶员 31.9 万，乘务人员 2.3 万，客运站经营从业人员 3 万人。

2.2 客运车辆

截至2016年年底，全省营运客车（不含出租汽、公共汽车，下同）39 329辆，比2015年下降了1.71%；总客位数1 639 628个，比2015年下降了2.22%；平均客位为42.6个/辆，比2015年增长了3.99%。其中，全省班车客运车辆26 915辆，比2015年减少4.47%；全省包车客运车辆11 585辆，比2015年增加了5.37%。

从车辆等级看，与2015年相比，高级车增长了3.41%，而中级车和普通车分别减少了6.98%和72.22%。其中，班车客运的高级车增长了0.46%，中级车和普通车分别下降6.27%和72.41%；包车客运的高级车增长10.47%，中级车下降8.69%，普通包车从1辆增加为2辆。班车客运中，高、中级车分别占车辆总数的72.6%和26.27%，两项合计占比为98.87%；包车客运的高、中级车分别占车辆总数的76.13%和23.85%，两项合计占比接近100%。数据显示，班车和包车客运中的高级车占比较高，并且比例逐年提高，反映了市场对高品质服务的诉求进一步提升。2015年、2016年全省营运客车等级构成情况见图2-4。

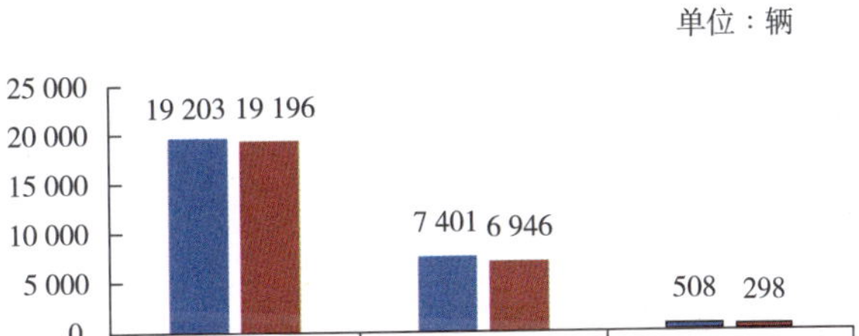

	高级车	中级车	普通车
2015年	19 203	7 401	508
2016年	19 196	6 946	298

图2-4　2015年、2016年广东省营运客车等级构成情况对比图

从车型看，与2015年相比，除大型车增加了3.14%外，特大型车、中型车和小型车分别减少了16.56%、5.78%、12.52%。2015年、2016年全省营运客车车型构成情况见图2-5。

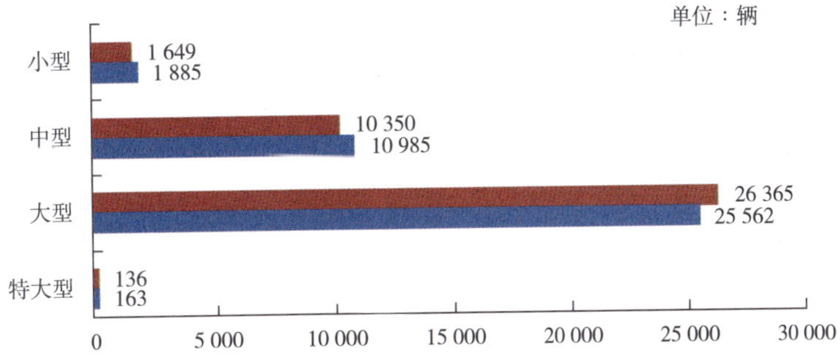

	特大型	大型	中型	小型
2016年	136	26 365	10 350	1 649
2015年	163	25 562	10 985	1 885

图2-5　2015年、2016年广东省营运客车车型构成情况对比图

从经营范围看，班车客运的车辆中，特大型车、中型车、小型车比2015年均有所下降，其中特大型车下降17.31%，降幅最大。部分特大型车在车辆更新后逐渐转为大型车，导致

大型车占比有所增加，符合当前整体运输市场车型需求。2015 年、2016 年全省客运班车车型构成情况见图 2-6。

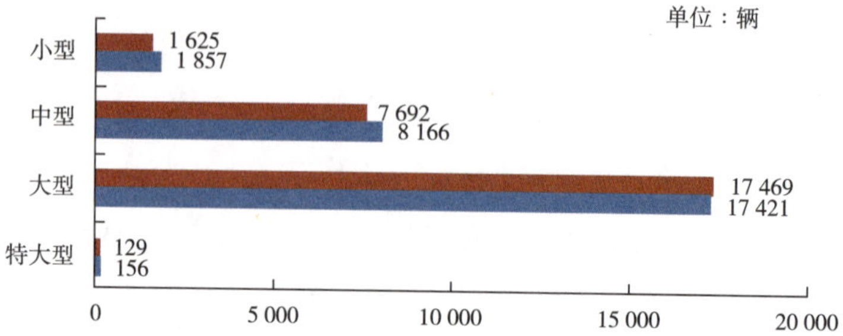

	特大型	大型	中型	小型
2016年	129	17 469	7 692	1 625
2015年	156	17 421	8 166	1 857

图 2-6　2015 年、2016 年广东省客运班车车型构成情况对比图

包车客运大型车增加 755 辆，比 2015 年增长 9.27%，大型车的增加，主要原因是 2016 年启动省市际班车转包车工作，共调整包车 93 辆；中型车减少了 161 辆，比 2015 年减少 5.71%；特大型车 7 辆，没有增减；小型车 24 辆，比 2015 年减少 14.29%。2015 年、2016 年全省客运包车车型构成情况见图 2-7。

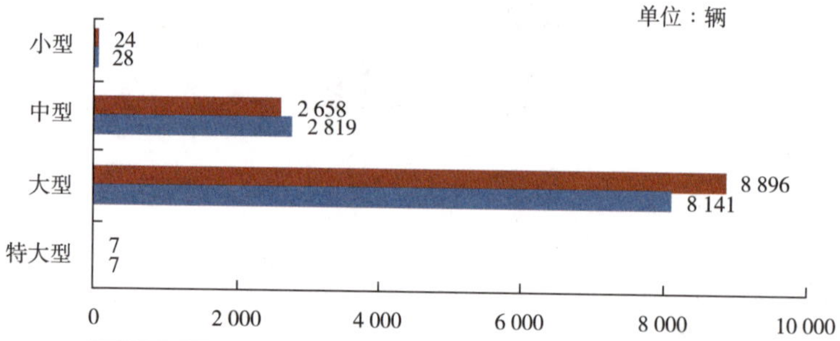

	特大型	大型	中型	小型
2016年	7	8 896	2 658	24
2015年	7	8 141	2 819	28

图 2-7　2015 年、2016 年广东省客运包车车型构成情况对比图

2.3　客运线网

2.3.1　班车客运

截至 2016 年年底，全省共有客运班线 13 051 条，其中省际班线 3 684 条，市际班线 4 246 条，跨县班线 1 466 条，县内班线 3 655 条。县内班线中，农村客运班线 1 501 条。由于受市场需求变化的影响，道路客运不同班线类型均有下降。数据显示，与 2015 年相比，客运班线总数减少 6.99%，其中省际班线条数和市际客运班线条数分别减少 7.23% 和 7.43%。

（1）省际客运

2016 年全省开行外省的营运客车共 3 243 辆，发往全国 19 个省（自治区、市），其中开行至广西、湖南、江西三省的营运客车最多，分别为 1 330 辆、545 辆和 346 辆，三者占全省开行外省的营运客车总数的 68.5%。外省开往我省的营运客车共 7 051 辆，其中以广西、湖南两省为主，占外省开往我省车辆总数的 40.6%。数据显示，开行外省客运运力总体数量较 2015 年减少了 460 辆，降幅为 12.1%。其中：我省企业开往广西的车辆数减少最多，减少了 123 辆；开往福建、湖南、湖北、江西四省的省际线路车辆数减少较多，分别减少了 73 辆、55 辆、45 辆、30 辆。2016 年，伴随着沪昆高铁的全线贯通，我国高铁营运里程已经超过 2 万公里，稳居世界第一。高铁线网的逐步完善，对省际客运市场的冲击较为明显，往年我省有少量开往山西、河北、内蒙古的省际客运车辆在 2016 年已全部停开。为适应市场变化，优化资源配置，省厅在 2016 年启动了受高铁影响停开的省际客运班线指标调整为市际包车指标工作，调整省际客运指标 106 个。2015 年、2016 年主要省际客运班线运力增减对比，见图 2–8。

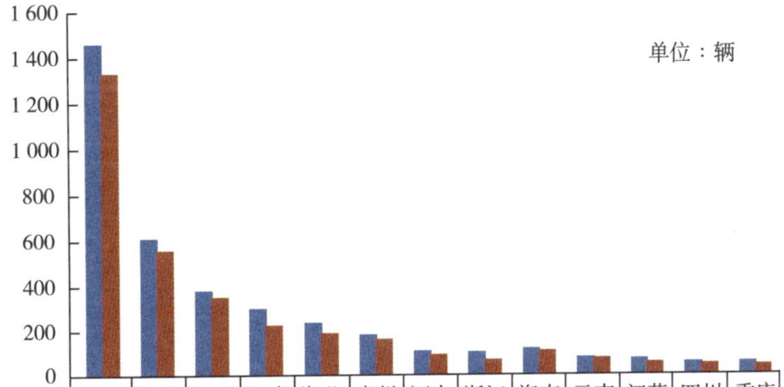

	广西	湖南	江西	福建	湖北	贵州	河南	浙江	海南	云南	江苏	四川	重庆
2015年	1 453	600	376	284	221	179	98	95	103	64	62	43	43
2016年	1 330	545	346	211	176	162	84	57	99	64	44	41	37

图 2–8　2015 年、2016 年主要省际客运班线运力增减对比

（2）市际客运

2016 年，全省市际客运车辆共 12 556 辆，比 2015 年减少 1.15%，其中 56% 集中在珠三角地区，粤东、粤西及粤北地区分别占 13%、16% 及 15%。

今年省厅继续组织开展市际客运班线跨节点调整工作，2016 年完成市际客运班线 142 块标志牌的跨节点调整，2015 年和 2016 年两年累计完成 338 块标志牌的跨节点调整，对优化配置道路客运存量运力资源、提高运力利用效率、更好地平衡供需关系起到积极作用。2016 年广东省省内跨市客运班线运力地区分布情况见图 2–9。

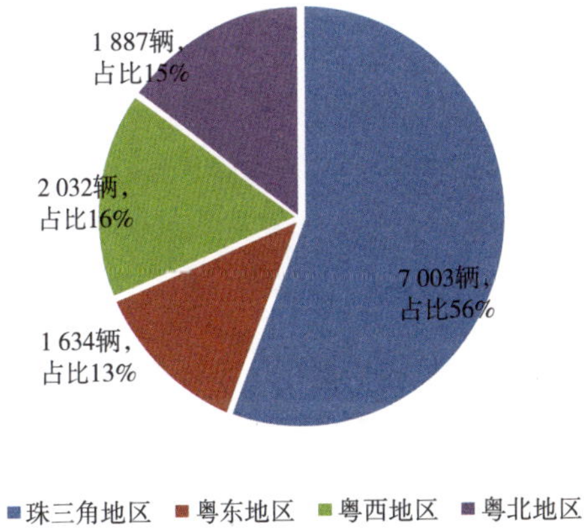

图 2–9　2016 年广东省省内跨市客运班线运力地区分布情况

2.3.2　包车客运

为贯彻落实《关于进一步深化道路客运行业改革的意见》，加快道路客运结构调整，优

化省市、际道路客运资源配置，今年对受高铁、城际轨道影响停开的省际、市际客运班车指标调整为市际包车指标，年内完成首批20家企业，146个省、市际客运班车指标调整。其中，调整省际客运标志牌106个，市际客运标志牌40个，调整后新增市际包车指标93个。

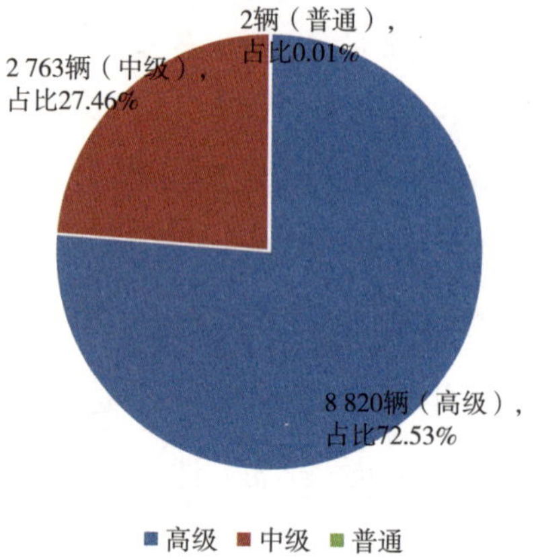

图 2–10　2016 年广东省包车客运车辆等级构成图

截至2016年年底，全省共有包车客运车辆11 585辆，客位550 024个，平均客位47.48个/辆，其中：高级车8 820辆，中级车2 763辆，普通级车2辆。与2015年相比，分别增长了6.8%、8.3%、1.3%。数据显示，包车中高级车辆所占的比重最大，增长的数量也最多，由此可见旅客出行对便捷和舒适性的要求更加凸显。各类型占包车客运车辆总数的比例见图2–10。

2.3.3　农村客运

截至2016年年底，全省共计行政村19 603个，已开通农村客运班车的行政村17 632个，开行农村客运班线1 501条，客运班车通达率达89.95%，有通客车条件的行政村通达率为100%。全省共有农村客运车辆6 108辆，客位167 900个，比2015年相比分别减少了7.15%、5.12%，平均客位数27.5个/辆。其中，3.5m以上、6m及以下的小型车有1 201辆，相比2015年减少了4.07%；6m以上、9m及以下的中型车有4 032辆，相比2015年减少了6.93%。

通过调查发现：一方面，随着城市化进程不断加快，农村居民外出务工、经商、就读群体的增加以及私人小汽车在农村地区的普及，农村客运量近年有所下降，2016年全省农村客运班车共完成客运量36 228.66人次，比2015年减少了5.23%。另一方面，部分区域存在平时客源稀少与高峰时段短期客流过旺的现象，特别是在周五中小学学生离校、周日返校以及墟日（乡镇赶集的日子）客流集中时段，农村客运运力严重不足、超载严重，运输组织难度较大，迫切需要创新农村客运经营模式，更好地适应当前农村居民出行特点。

2.4　客运场站建设及运营

2016年，农村客运站完成投资8 813万元，其中全省下达省级公路客货场站建设补助资金3 500万元。全省等级客运场站达441个，其中，一级站56个，二级站104个，三级站161个，四级站101个，五级站19个，简易站及招呼站数量为16 326个。2015年、2016年我省等级场站数量对比图见图2–11。

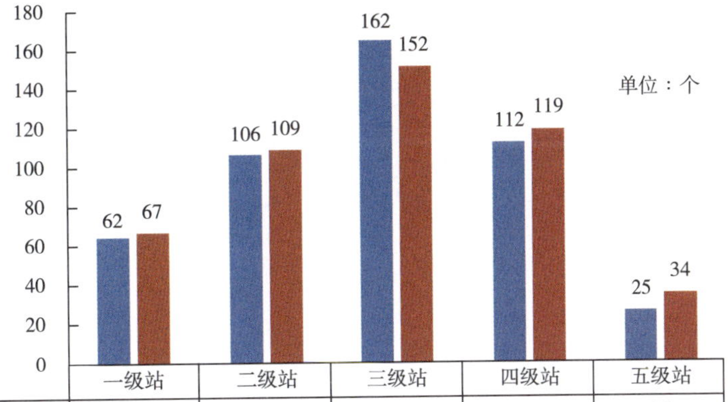

	一级站	二级站	三级站	四级站	五级站
2015年	62	106	162	112	25
2016年	56	104	161	101	19

图 2-11　2015 年、2016 年广东省等级场站数量对比图

从等级站场的地区分布来看，珠三角地区等级站场的规模水平最高，市均等级站场数目为 27 个；粤东地区规模水平最低，市均等级站场数目为 15 个；粤西和粤北地区市均等级站场数目分布分别为 22 个、23 个。2015 年、2016 年全省等级站场地区分布情况见图 2-12。

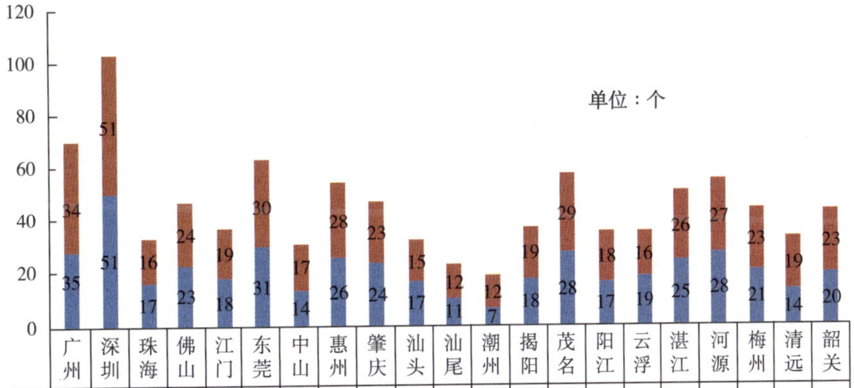

	广州	深圳	珠海	佛山	江门	东莞	中山	惠州	肇庆	汕头	汕尾	潮州	揭阳	茂名	阳江	云浮	湛江	河源	梅州	清远	韶关
2016年	34	51	16	24	19	30	17	28	23	15	12	12	19	29	18	16	26	27	23	19	23
2015年	35	51	17	23	18	31	14	26	24	17	11	7	18	28	17	19	25	28	21	14	20

图 2-12　2015 年、2016 年广东省等级场站地区分布图

2016 年，全省等级客运站场日均发车班次数为 119 530 班次，旅客日发送量为 1 381 152 人次，分别比 2015 年减少了 5.51%、6.61%。互联网售票方面，截至 2016 年年底，全省联网售票客运站总数达 418 家，三级以上客运站全部接入。2016 年广东省等级客运场站基本情况见表 2-1。

2016 年广东省等级客运场站基本情况

表 2-1

等级	数量（个）		日发班次（班次）	旅客日发送量（人次）
		其中：配备危险品安全检测仪（个）		
一级站	56	56	32 068	461 024
二级站	104	100	26 274	351 754
三级站及以下	281	61	61 188	568 374
合计	441	217	119 530	1 381 152

2.5 外商及港澳台商投资道路旅客运输

截至2016年年底，外商及港澳台商投资道路旅客运输企业数量为3家，其中我国香港地区的港商投资企业2家，韩国投资企业1家；合同投资额0.55亿元，实际投资额0.55亿元；投入客运车辆202辆，其中特大型车辆81辆，大型车辆121辆。港商投资企业拥有客运车辆122辆，韩国投资企业客运车辆有52辆。

（执笔人：胡胜）

第3章 城市客运

2016年，全省公共交通服务向绿色化、智能化、多样化发展，全省大力推广新能源公交车应用，主动适应互联网发展新常态，珠三角地区已基本实现实时公交信息共享服务，定制公交等新服务模式满足了人民群众多样化出行需求，城市公共交通总体投入力度加大，轨道交通体系日趋完善，在城市公共交通客运体系中的作用更加明显，全省城市公共交通服务给人民群众出行带来了更多的获得感。

3.1 市场主体

3.1.1 数量及规模

截至2016年年底，全省城市公共交通经营业户共676户，比2015年增加11户。其中，城市公交经营业户261户，出租车经营业户411户，城市轨道交通经营主体4户。与2015年相比，城市公交经营业户增加15户，出租车经营业户减少5户，城市轨道交通经营主体增加1户。2015年、2016年全省城市公共交通经营业户规模对比见图3–1。

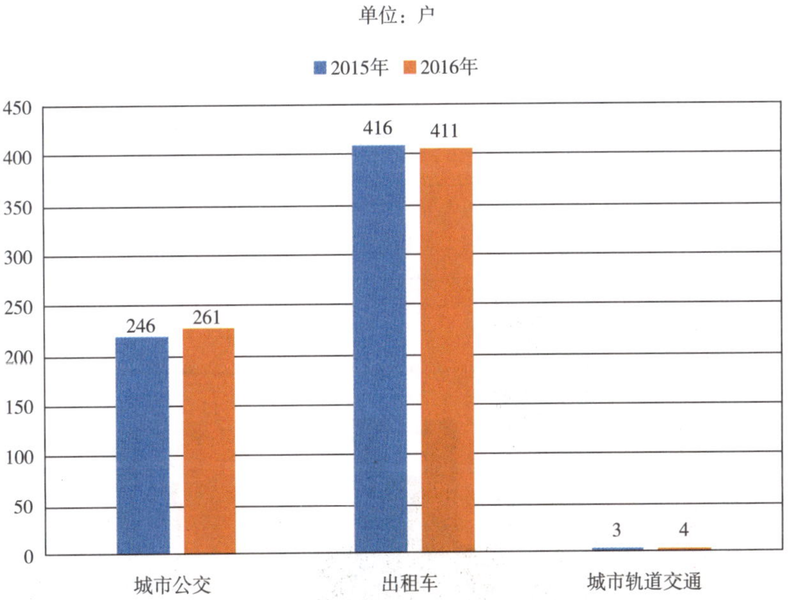

图3–1 2015年、2016年广东省城市公共交通经营业户规模对比图

截至2016年年底，全省城市公交企业户均拥有公交车辆235辆，比2015年增加了0.85%。出租车企业户均拥有出租车171辆，比2015年增加了1.18%。2016年全省城市公交和出租车区域户均车辆分布情况见图3–2。

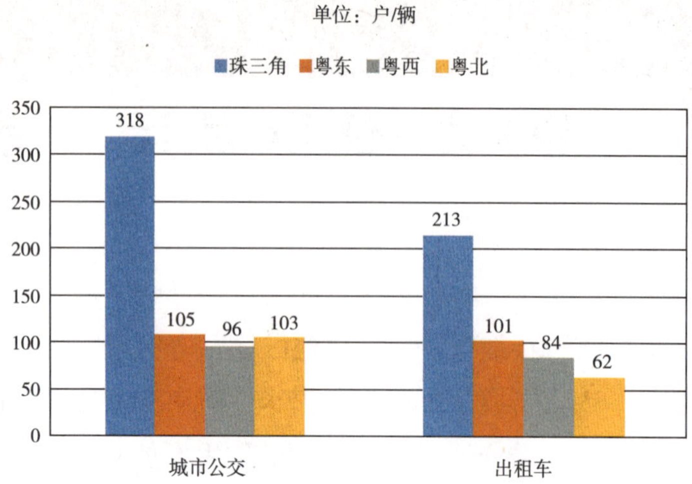

图 3-2 2016 年广东省城市公交和出租车户均车辆分布图

从车辆的区域分布情况看，珠三角地区城市公共汽电车数量占全省 83.4%，出租车占全省 85.8%，全省城市公共交通区域发展不均衡，粤东西北地区城市公共交通发展水平较低。

截至 2016 年年底，全省共有公共汽（电）车驾驶员 96 700 人次，人车比为 1.58∶1；出租车驾驶员 114 219 人次，人车比为 1.62∶1。由于公交驾驶员待遇偏低，导致招工难，公交驾驶员缺员现象普遍，人车比相对偏低，制约了公共交通正常运营和发展。

3.1.2 区域结构

截至 2016 年年底，广州、深圳市区万人公交车拥有量分别为 21.74 标台和 19.84 标台，其中佛山市万人公交拥有量居全省第一。广州、佛山、中山、珠海、东莞五个地市市区万人公交车拥有量均达到 20 标台以上。各地市万人公交车拥有量如图 3-3 所示。

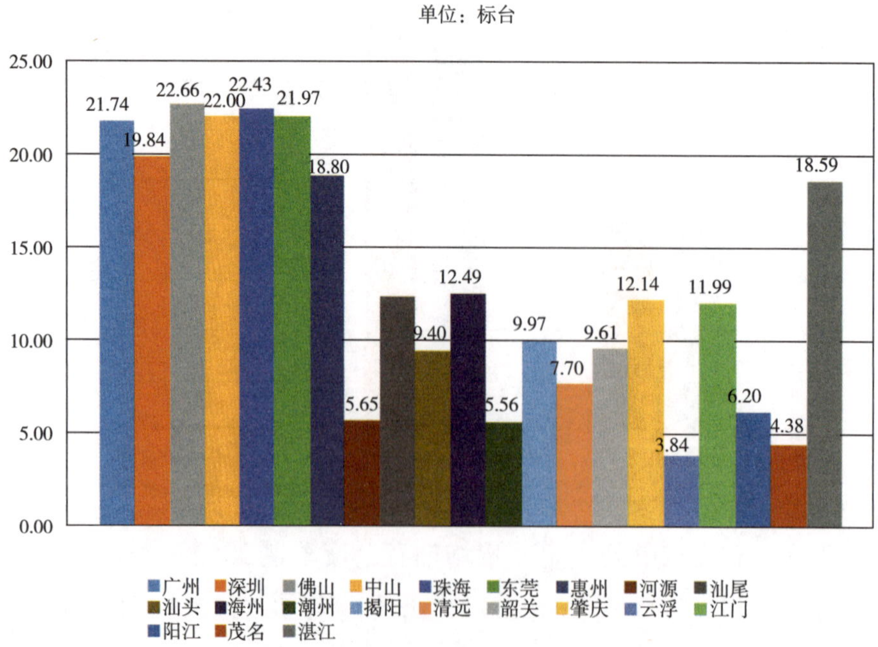

图 3-3 2016 年广东省各地市区万人公交车拥有量

3.2 客运量

3.2.1 总体规模

截至 2016 年年底，全省城市公共交通全年总客运量为 125.16 亿人次，比 2015 年减少了 5.68%。城市公交车、出租车、城市轨道所占比例如图 3-4 所示。其中轨道交通客运量在城市公共交通总客运量中的比重增加了 10.2%，城市轨道交通在城市客运行业的作用日益明显。私人小汽车数量不断增长以及网络约、租车等新业态的迅速发展，导致出租车客运量下降较为明显。

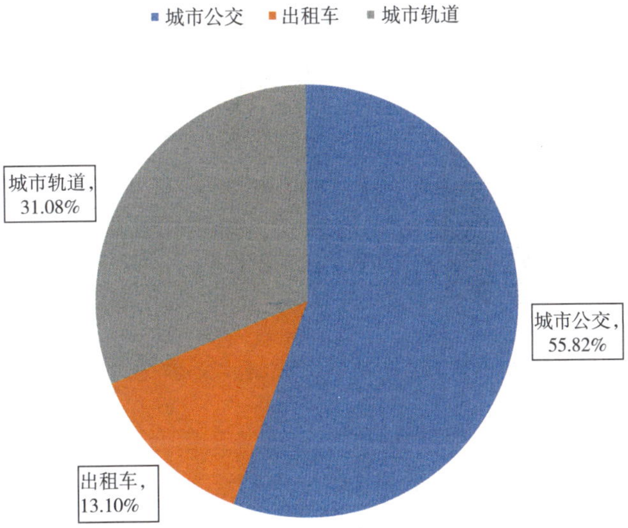

图 3-4　2016 年城市客运总客运量构成图

3.2.2 城市公交

截至 2016 年年底，全省城市公共汽电车客运量 69.87 亿人次，日均客运量 1 914.2 万人次，比 2015 年减少 5.2%。其中广州 24.16 亿人次，深圳 18.68 亿人次，共占全省总量的 61.31%。

3.2.3 出租车

截至 2016 年年底，全省出租车客运量 16.4 亿万人次，日均客运量 449.24 万人次。比 2015 年减少 11.6%。其中广州 56 301.3 万人次，深圳 37 361.9 万人次，占 57.12%。

3.2.4 城市轨道交通

截至 2016 年年底，全省城市轨道交通客运量 38.89 亿人次，日均客运量 1 065.66 万人次，比 2015 年增加 10.2%。

3.3 客运车辆

3.3.1 总体规模

截至 2016 年年底，全省城市公交运营车 61 379 辆，折合 68 965 标台，出租车运营车辆 70 374 辆，城市轨道交通车辆达 719 列，车辆规模比 2015 年分别增长 7.8%、0.1% 和 27.3%。2015 年与 2016 年全省城市公共交通各运输方式车辆规模对比情况见图 3-5。

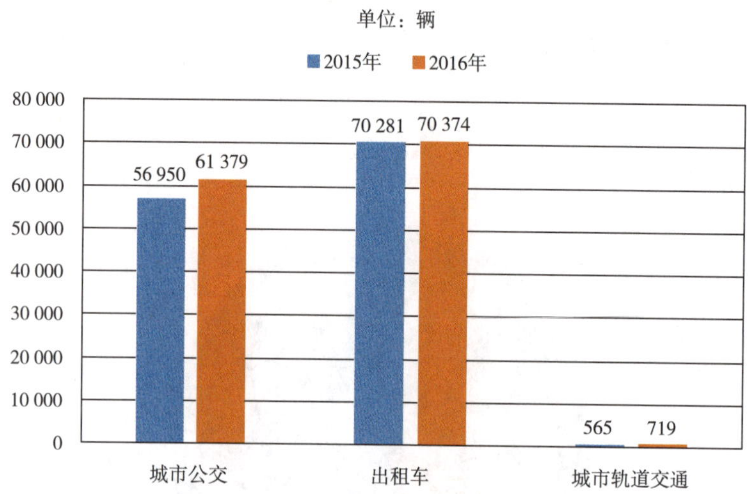

图 3-5　2015 年与 2016 年广东省城市公共交通车辆规模对比图

3.3.2 车辆类型

城市公交企业从使用成本、载运能力和通行路况考虑，主要选择 7~13 米长的车型。2016 年广东省城市主要类型公交车数量及比例见图 3-6。

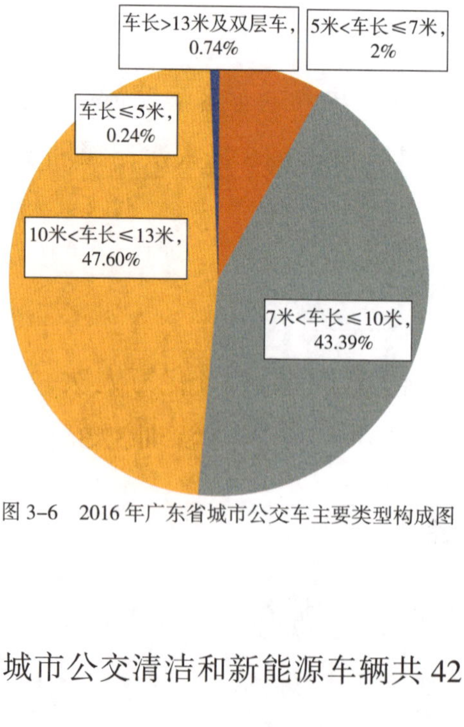

图 3-6　2016 年广东省城市公交车主要类型构成图

3.3.3 清洁能源

截至 2016 年年底，全省城市公交清洁和新能源车辆共 42 159 辆，占公交车辆总量的

68.69%，其中天然气汽车 16 309 辆，纯电动汽车 13 746 辆，混合动力汽车 8 084 辆。其中纯电动汽车增长最快，是上一年的 2.67 倍。出租车清洁和新能源车辆共 42 738 辆，占出租车总量的 60.73%，其中双燃料汽车 38 603 辆，纯电动汽车 4 135 辆，纯电动车辆较去年增加近 1 倍。2015 年与 2016 年城市公交和出租车新能源车辆规模对比情况见图 3-7、图 3-8。

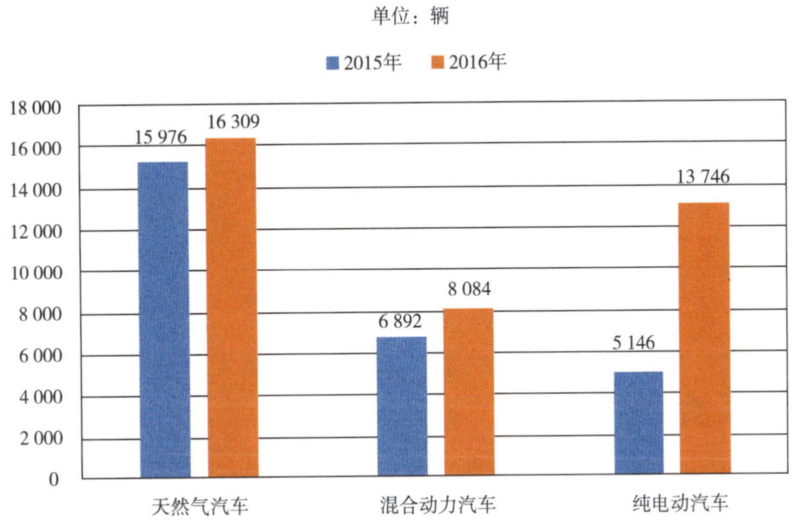

图 3-7　2015 年与 2016 年广东省城市公交新能源车辆对比图

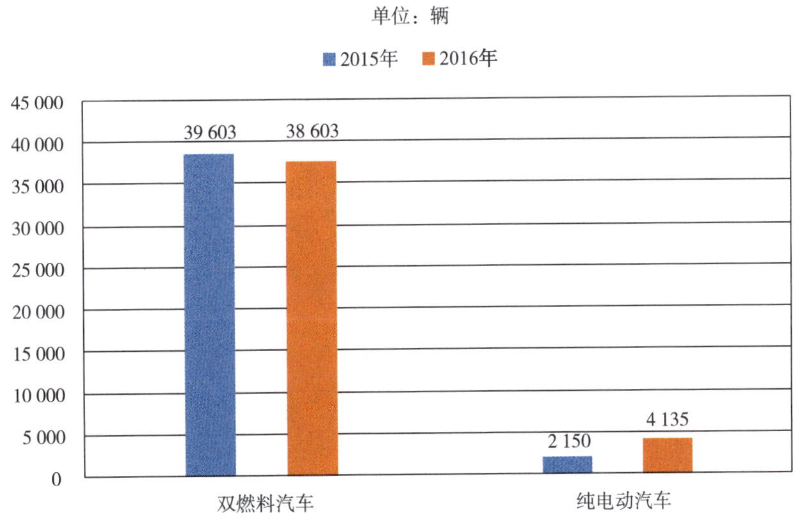

图 3-8　2015 年与 2016 年广东省出租车新能源车辆对比图

3.4　客运线网

3.4.1　轨道交通

截至 2016 年年底，广州、深圳、佛山、东莞四市共开行 22 条城市轨道交通线路，其中 1 条为广州市的有轨电车线路，运营里程为 7.7 公里，其余 21 条均为地铁线路，运营里程达 624.1 公里，较 2015 年增加 40.88%。其中广州市开行 12 条城市轨道交通线路（含广佛线），运营里程 301.3 公里；深圳市开行 8 条城市轨道交通线路，运营里程达 285 公里。

3.4.2 城市公交

截至 2016 年年底，全省共有城市公交运营线路 5231 条，总长度为 106 806 公里，全省公交线路平均长度为 20.54 公里。与 2015 年相比，全省城市公交运营线路总长度增长 6.71%。2016 年全省城市公交线路分布情况如表 3–1 所示。

2016 年全省城市公交线路里程分布表

表 3–1

区域名称	条数（条）	长度（公里）	线路平均长度（公里 / 条）
珠三角地区	4 295	87 083	20.28
粤东地区	228	4 488	19.69
粤西地区	271	5 231	19.30
粤北地区	437	10 004	22.89

3.4.3 跨市公交

截至 2016 年年底，全省跨市公交运营线路为 144 条。2016 年全省跨市公交线路分布情况如表 3–2 所示。

2016 年全省跨市公交线路分布表

表 3–2

地市名称	线路条数	地市名称	线路条数
广州—佛山（含顺德）	74	肇庆—云浮	5
		江门—珠海	2
广州—东莞	8	江门—佛山	1
中山—珠海	17	深圳—东莞	4
中山—顺德	4	汕头—潮州	4
中山—江门	1	汕头—揭阳	1
惠州—深圳	14	揭阳—潮州	1
惠州—东莞	5	合计	144
肇庆—佛山	3		

3.5 基础设施

3.5.1 轨道交通

截至 2016 年年底，全省城市轨道交通共设置 412 个站点，比 2015 年增加 43.06%。其中换乘站 78 个，较 2015 年度增加 1.29 倍。城市轨道交通设置站点分布中，广州设置站点 201 个、换乘站 50 个；深圳市设置站点 196 个、换乘站 28 个。

3.5.2 城市公交

截至2016年年底，全省城市综合客运枢纽77个，比2015年增加了4个。其中广州市24个，中山市14个，汕头市11个，江门市11个，深圳市8个，其他城市共9个。全省城市公交专用道1 223.8公里（双向），比2015年增加49.5公里（双向）。2015—2016年全省城市公共交通基础设施发展情况如表3-3所示。

2015—2016年全省城市公共交通基础设施发展情况表

表3-3

基础设施类型	2015年	2016年	增幅（%）
城市轨道交通站点（个）	288	412	43.06
城市轨道交通换乘点（个）	34	78	129.41
城市综合客运枢纽（个）	73	77	5.48

（执笔人：崔会芬）

第 4 章　道路货物运输

2016 年全省道路货运业逐步向规模化、专业化方向发展，货运市场主体数量减少，但供给能力增强。道路货运的车型结构向集装箱化、大型化方向发展，为现代物流业转型升级提供了有效的支持。

4.1　市场主体

4.1.1　数量及规模

截至 2016 年年底，全省道路货运经营业户 55.3 万户，比 2015 年减少 0.7 万户，降低 10.5%。其中企业业户 5.8 万户，比 2015 年增加 0.9 万户，提高了 18.4%，个体业户 49.5 万户，比 2015 年减少了 1.6 万户，降低 3.1%，个体业户数量和企业业户数量日渐出现分化。总体来看，我省道路货运业户数至 2013 年达到峰值后，业户规模呈逐年萎缩并趋于稳定的发展态势。尤其是普通货物运输业零散化趋势仍在扩大；但在危险品运输、专用运输、集装箱运输与大件运输领域，企业化、规模化趋势较明显。2010—2016 年全省道路货运业户数及户均车辆数如图 4-1 所示。

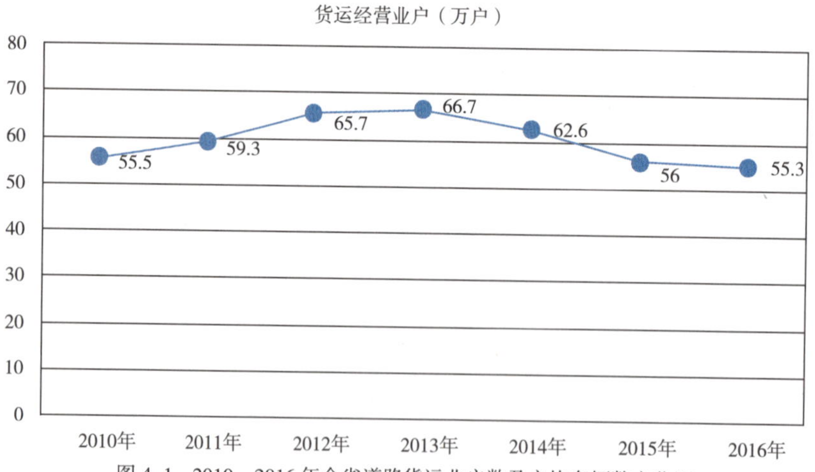

图 4-1　2010—2016 年全省道路货运业户数及户均车辆数变化图

（1）普通货运

截至 2015 年年底，全省普通货运业户总数达到 54.8 万户，占道路货运业户总数的 99.1%。其中，普通货运个体运输业户 49.5 万户，占普通货运业户总数的 90.2%。全年普通货运经营业户减少 1.1 万户，比 2015 年减少了 1.8%；其中企业业户减少 0.6 万户，比 2015 年增加了 12.0%，10 台车以上规模道路货运企业数为 3 698 户，比 2015 年减少 86 家。2016

年普通货运市场结构个体业户逐渐退出市场或企业化经营，整体市场结构呈现业户总量萎缩但市场集中度和规范化发展缓慢提升的发展趋势。

（2）专用运输

截至2016年年底，全省专用运输业户总数达8 089户，比2015年增加了13户。总体数量保持稳定。其中，企业业户5 003户，企业业户占专用运输业户总数的61.8%。其中：

①集装箱运输

截至2016年年底，全省集装箱运输业户总数为5 500户，比2015年相比数量保持稳定。

②危险货物运输

截至2016年年底，全省危险货运业户总数为820户，比2014年减少8户，降幅0.9%。其中经营性业户810户，个体业户基本退出运输服务市场。

③大型物件运输

截至2016年年底，全省大型物件运输业户总数为126家，连续三年数量保持稳定。

4.1.2 地区分布

珠三角地区货运企业占全省货运企业总数的87.9%，粤东地区为3.8%，粤东3.6%，粤北地区4.7%。2016年全省道路货运企业地区分布情况见表4-1。

2016年广东省道路货运经营业户地区分布情况（单位：户） 表4-1

地　区	100辆及以上的企业	50~99辆的企业	10~49辆的企业	10辆以下的企业
全省	639	789	4 184	3 335
珠三角地区	589	700	3 549	2 670
粤东地区	19	26	152	318
粤西地区	23	29	188	153
粤北地区	8	34	295	194

4.2 货运车辆

4.2.1 总体结构

（1）数量及吨位

截至2016年年底，全省营运货车保有量达69.8万辆，吨位806.1万吨。其中在普通货运车辆中，小型车36.1万辆，吨位49.5万吨；中型车1.4万辆；大型车32.0万辆，其中重型货车26.3万辆，吨位648.2万吨，货运场站195家。

（2）地区分布

珠三角地区车辆占全省的70.3%，占比比2015年下降1%，连续6年下降，但仍占主导地位；其次为粤东地区，占全省的 10.8%。营运货运车辆区域分布情况见图 4-2。

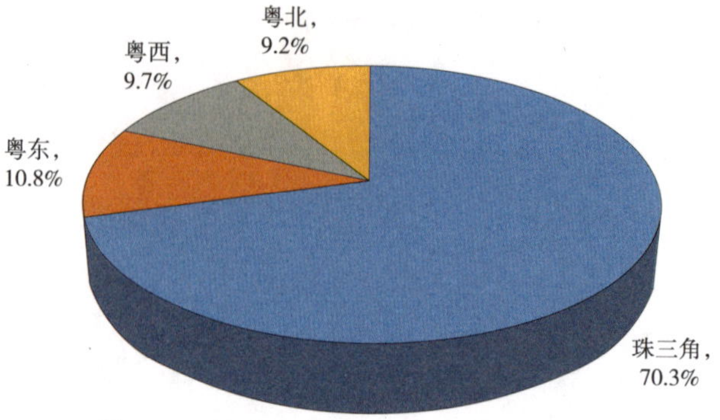

图 4-2　2016 年广东省营运货运车辆区域分布图

4.2.2　普通货车

2016 年全省普通货车车辆与吨位数分别为 63.0 万辆、577.4 万吨，占全省货运车辆的 87.8%、69.1%，全省车辆平均吨位 8.9 吨。其中厢式货车 36.9 万辆，平板货车 16.3 万辆，其他货车 9.7 万辆。

4.2.3　专用货车

2016 年全省专用货车车辆数与吨位数分别为 13.0 万辆、38.5 万吨，其中大、中、小型车分别为 2.0 万辆、1 075 辆、5 715 辆，吨位数分别为 35 万吨、3 623 吨和 7 977 吨。其中，全省集装箱车 116 284 万辆，危运货车 23 287 辆，大型物件运输车 1 539 辆。

4.3　货运场站建设及运营

截至 2016 年年底，全省共有道路货运站 195 个，与 2015 年相比持平。等级结构上，2016 年一级站和二级站数量比去年减少了 2 个，三级站减少 1 个，四级站增加了 5 个。2013—2016 年全省各等级货运站构成情况见表 4-2。

2013—2016 年广东省各等级货运站构成情况表（单位：个）　表 4-2

年度（年）	合计	一级站	二级站	三级站	四级站
2013	241	55	30	36	120
2014	219	49	30	25	115
2015	195	38	29	25	103
2016	195	36	27	24	108

4.4　货运相关业务

截至 2016 年年底，全省主要道路货运相关服务经营业户共 10 250 户（含物流服务、货运代办、信息配载）。

4.5 外商投资道路货物运输

4.5.1 投资情况

截至 2016 年年底，全省外商投资道路货运企业 1 214 户，比 2015 年减少 584 户，其中新增 26 户，注销 253 户。新增企业中，生产型企业 22 户，占新增总数的 84.6%。外商投资方中，港澳投资者投资最为活跃，全省外商投资道路货运企业总投资额 245.57 亿元。2016 年我省新增外商投资道路货运企业情况见表 4–3。

2016 年广东省新增外商投资道路运输企业情况表 表 4–3

企 业 类 型	业户数（户）	投资总额（万元）	注册资本（万元）
生产性企业	22	132 881.6	132 881.6
专业货运企业	4	102 704	102 704
合计	26	235 585.6	235 585.6

4.5.2 车辆结构

截至 2016 年年底，全省外商投资道路货运企业共有车辆 5 455 辆，厢式货车 2 786 辆，占车辆总数的 51.1%；集装箱车 1 229 辆和专用货车 1 440 辆，分别占车辆总数的 22.5%、26.4%。车辆构成情况见图 4–3。

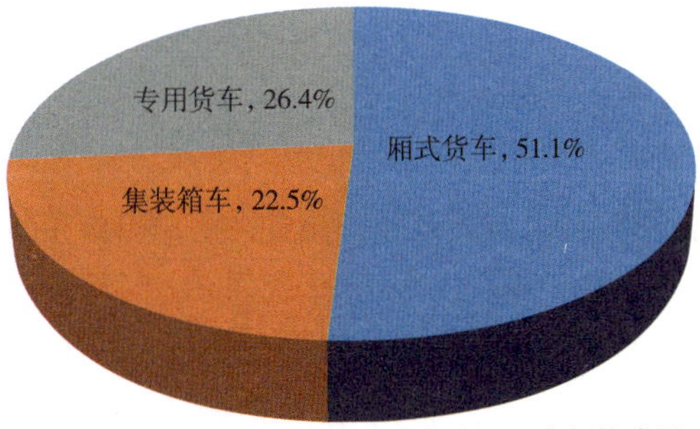

图 4–3 广东省 2016 年省外商投资企业车辆构成图

4.6 货运价格与成本监测试点工作

2016 年，我省的道路货运价格与成本监测试点以整车和集装箱运输为主。其中广州市负责开展整车货运价格与成本监测试点，深圳负责对整车普通货物和集装箱两类运输方式的运价与成本进行监测分析。

我省试点共选取了 3 家道路运输协会、11 个货运场站和 90 多家企业成本监测样本企业做样本采集，并以 2014 年 7 月的运输价格作为基数来进行比较。样本企业和样本线路情况见表 4–4。

广东省样本企业和样本线路情况表 表4-4

运输种类	样本企业数	样本线路数（条）	数据项
整车普货运输	71	92	运价、成本
集装箱运输	36	22	运价、成本

4.6.1 试点两市的运价波动受季节和节日影响

从2016年1—12月份广州市和深圳市上报的整车统计数据来看（图4-4），排除个别月份数据统计的扰动影响外，两市的整车运价基本保持平稳，波动维持在7%以内，两市受季节波动趋势较为一致，其中7—9月份，两市整车运价处于全年低位，数据的波动与市场的变化基本吻合，春节期间受货运需求旺盛的影响运价指数有所上扬。整体来看，1—12月份整车运输市场继续保持运行平稳的态势，运价无较大波动。

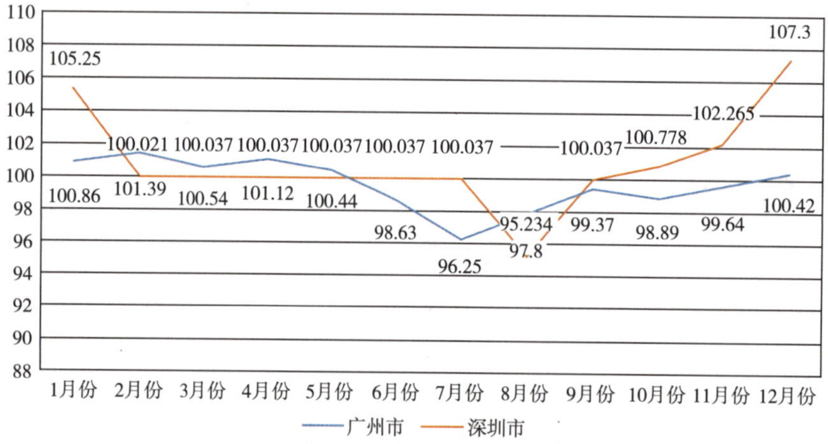

图4-4 广州市、深圳市2016年1—12月份整车运价指数变动情况

4.6.2 集装箱运价受国际运输需求影响稳中有降

集装箱运输市场方面（图4-5），由于受到进出口贸易量下降的影响，深圳市集装箱运价整体低于2015年的指数水平（2015年平均运价指数99.99），其中9、10月份市场价格微幅上涨。市场运力变化不大，市场运价主要受国际采购市场影响。

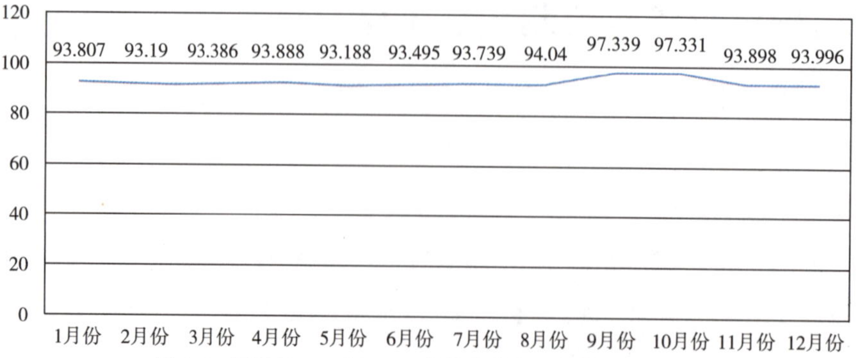

图4-5 深圳市2016年1—12月份集装箱运价指数变动情况

从统计数据分析来看，试点期间广州和深圳两市运价波动不大。从试点城市运价市场分析，广州、深圳两市整车货运市场竞争激烈，虽然受到社会人工成本、油价变动、物流运输需求等干扰，但运价波动不大，整体来看，2016 年整个运输市场保持平稳。

（执笔人：齐文）

第5章 机动车维修与检测

2016年，我省机动车维修行业继续坚持和遵循市场放开、依法监管、服务民生和科技创新的发展方向；行业管理制度体系日趋完善，诚信建设初见成效，信息化管理效果明显，节能环保取得重要进展，人才队伍素质不断提升，维修救援服务体系运行良好，维修质量管理和市场监管得到加强。汽车维修企业逐步向连锁化、规模化、专业化、品牌化和信息化方向发展，服务质量和水平不断提高。

5.1 机动车维修业

5.1.1 机动车维修完成情况

2016年，全省汽车维修企业共完成汽车维修量4 769.08万辆次，比2015年减少了42.74万辆次，较上年减少0.89%。2013—2016年全省机动车维修业务量及增长率变化情况见图5-1。

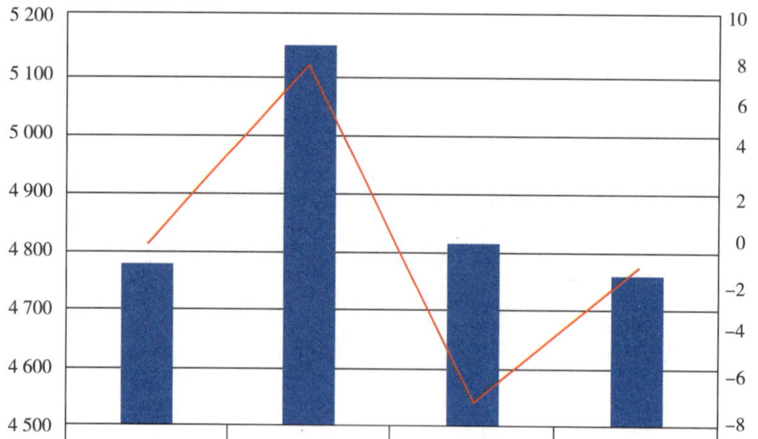

	2013年	2014年	2015年	2016年
维修量（万辆次）	4 779.86	5 160.58	4 811.82	4 769.08
年增长率(%)	0	8	−6.8	−0.89

图5-1 2013—2016年全省机动车维修业务量及增长率变化情况

从业务类型看，2016年完成整车修理216.69万辆次，较上年下降4.78%；总成修理179.84万辆次，下降9.75%；二级维护766.09万辆次，下降5.58%；专项修理2 723.61万辆次，增长1.8%；维修救援114.29万辆次，增长6.38%。2013—2016年机动车维修业务完成量对比情况见图5-2。

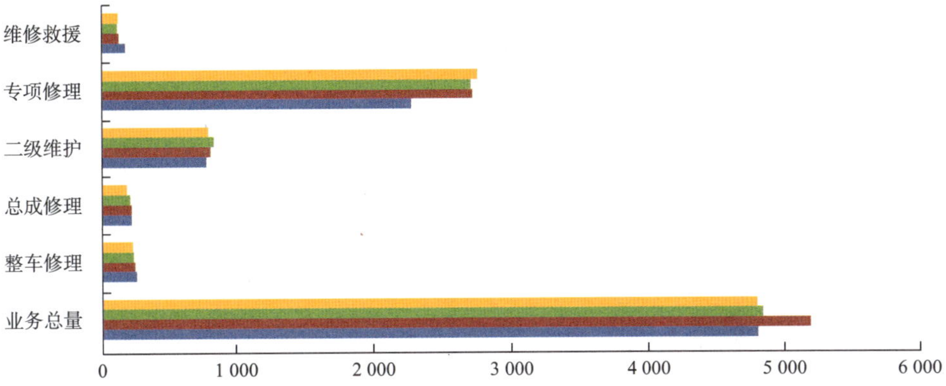

	业务总量	整车修理	总成修理	二级维护	专项修理	维修救援
2016年	4 769.08	216.69	179.84	766.09	2 723.61	114.29
2015年	4 811.82	222.51	199.27	811.39	2 675.42	107.44
2014年	5 160.58	233.68	209.68	788.02	2 689.84	121.24
2013年	4 779.86	246.18	210.64	754.66	2 249.26	167.08

图 5-2　2013—2016 年机动车维修业务完成量对比情况（单位：万辆次）

5.1.2　机动车维修业户

（1）维修业户

截至 2016 年年底，全省共有机动车维修经营业户 52 489 户，比上年减少 889 户，下降 1.67%。汽车维修业户 36 739 户，比上年增加 374 户，增长 1%。其中，一类汽车维修 953 户，减少了 32 户，下降 3.25%；二类汽车维修 5 714 户，减少了 138 户，下降 2.36%；三类汽车维修 30 072 户，增加了 544 户，增长 1.84%。摩托车维修业户 15 056 户，减少了 1 957 户，下降 11.5%。2013—2016 年全省机动车维修经营业户发展情况见图 5-3。

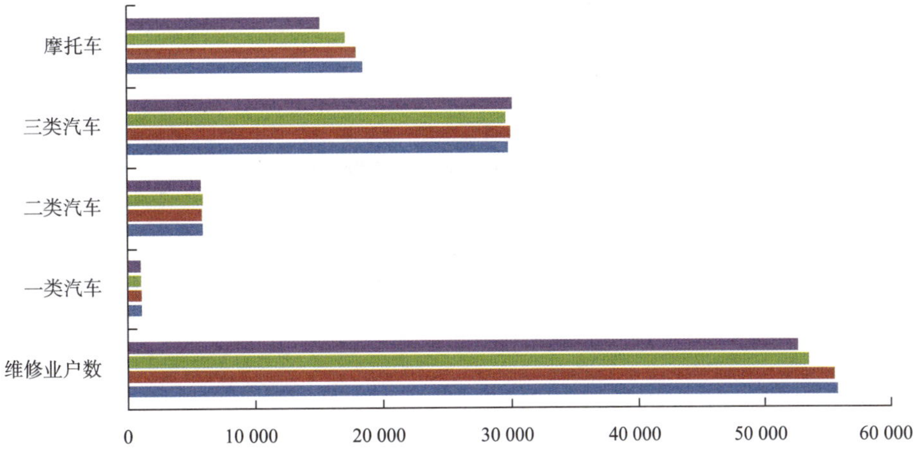

	维修业户数	一类汽车	二类汽车	三类汽车	摩托车
2016年	52 489	953	5 714	30 072	15 056
2015年	53 378	985	5 852	29 528	17 013
2014年	55 467	1 002	5 812	29 917	17 915
2013年	55 733	1 026	5 856	29 714	18 439

图 5-3　2013—2016 年全省机动车维修经营业户发展情况

2016 年，全省机动车维修经营业户共完成维修量 4 769.08 万辆次，平均每户机动车维修经营业户完成维修量 908.59 辆次，比上年下降 0.78%。2013—2015 年全省平均每户机动车维修经营业户完成维修量情况见图 5–4。

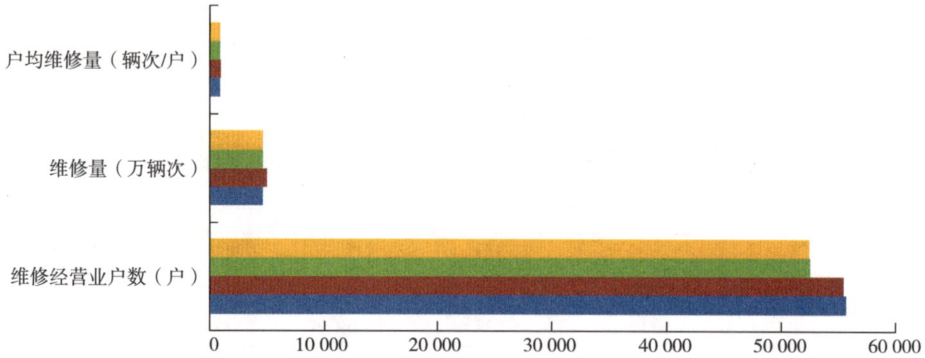

	维修经营业户数	维修量（万辆次）	户均维修量（辆次/户）
2016年	52 489	4 769.08	908.59
2015年	52 545	4 811.82	915.75
2014年	55 467	5 160.58	930.39
2013年	55 733	4 779.86	857.64

图 5–4　2013—2016 年全省平均每户机动车维修经营业户完成维修量情况

（2）外商投资机动车维修企业

截至 2016 年年底，我省外商投资机动车维修企业共 66 户，比 2015 年增加 32 户，投资总额 17.03 亿元人民币，比 2015 年增加 7.03 亿元人民币。2013—2016 年全省外商投资机动车维修企业情况见图 5–5。

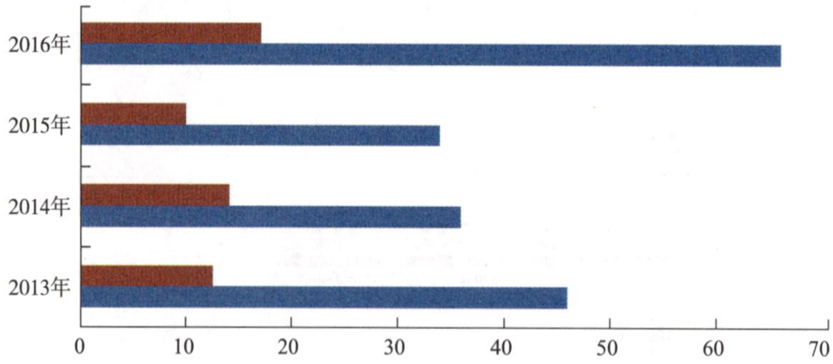

	2013年	2014年	2015年	2016年
投资总额（亿元）	12.57	14.13	10	17.03
外商投资机动车维修企业（户）	46	36	34	66

■投资总额（亿元）　■外商投资机动车维修企业

图 5–5　2013—2016 年全省外商投资机动车维修企业情况

5.1.3　机动车维修地区分布

2016 年全省各类机动车维修业户的地区分布情况如下：一类维修业户在珠三角、粤东、粤西、粤北地区的数量分别占全省总数的 73.24%、15.32%、6.4% 和 5.04%；二类维修业户在珠三角、粤东、粤西、粤北地区的数量分别占全省总数的68.48%、14.81%、11.06%和5.65%；三类维修业户在珠三角、粤东、粤西、粤北地区的数量分别占全省总数的66.52%、13.94%、12.59%和6.95%。各地区拥有机动车维修业户数量列前三位的地级以上市（区）见表5-1。

各地区拥有机动车维修业户数量列前三位的地级以上市（区） 表5-1

序号	珠三角地区			粤东地区			粤西地区			粤北地区		
	地级市	业户数（户）	维修量（万辆次）	地级市	业户数（户）	维修量（万辆次）	地级市	业户数（户）	维修量（万辆次）	地级市	业户数（户）	维修量（万辆次）
1	东莞	4 568	643.94	梅州	2 356	25.01	茂名	3 266	144.23	韶关	2 127	351.91
2	肇庆	4 400	50.38	河源	1 737	103.86	云浮	2 190	56.66	清远	1 902	92.96
3	佛山	3 973	215.05	揭阳	1 222	10.33	湛江	2 164	51.07	—	—	—

从业务类型看，2016年全省各类机动车维修业务完成情况地区分布如下：整车修理在珠三角、粤东、粤西、粤北地区的完成量分别占全省维修总量的70.6%、9%、6.51%和13.9%；总成修理在珠三角、粤东、粤西、粤北地区的完成量分别占全省维修总量的52.33%、12.28%、9.64%和25.75%；二级维护在珠三角、粤东、粤西、粤北地区的完成量分别占全省维修总量的68.58%、10.96%、6.25%和14.21%；专项修理在珠三角、粤东、粤西、粤北地区的完成量分别占全省维修总量的80.37%、5.17%、5.99%和8.47%；维修救援在珠三角、粤东、粤西、粤北地区的完成量分别占全省维修总量的70.52%、8.53%、4.56%和16.4%。全省各类机动车维修业务完成量列前五位的地级以上市（区）见表5-2。

全省各类机动车维修业务完成量列前五位的地级市（单位：万辆次） 表5-2

序号	地级市	整车修理	地级市	总成修理	地级市	二级维护	地级市	专项修理	地级市	维修救援
1	东莞	69.14	中山	36.28	中山	253.55	深圳	643.17	中山	38.58
2	中山	63.81	韶关	24.36	东莞	111.9	中山	584.36	韶关	18.2
3	韶关	28.4	清远	20.68	韶关	82.02	广州	258.28	深圳	15.78
4	湛江	11.23	深圳	19.35	深圳	59.2	江门	234.24	东莞	11.57
5	河源	7.39	茂名	11.62	汕头	36.82	佛山	205.6	珠海	7.32

5.2 汽车综合性能检测

5.2.1 汽车综合性能检测完成情况

2016年，全省共有汽车综合性能检测站136个，比2015年减少了3个；共完成检测总量158.23万辆次，比2015年减少10.21%。从检测类别看，等级评定检测80.29万辆次，比2015年减少1.44%；维修竣工检测70.98万辆次，比2015年增加0.33%；维修质量监督检测4.99万辆次，比2015年减少16.69%；其他检测16.95万辆次，比2015年减少4.88%。2013—2016年全省汽车综合性能检测完成情况见表5-3。

2013—2016 年全省汽车综合性能检测完成情况（单位：万辆次） 表 5-3

年份（年）	检测站（个）	等级评定检测	维修竣工检测	维修质量监督检测	其他检测	检测总量
2013	137	92.6	89.31	6.23	22.85	207.7
2014	138	87.69	79.14	5.47	20.45	189.36
2015	139	81.46	70.75	5.99	17.82	176.23
2016	136	80.29	70.98	4.99	16.95	158.23

5.2.2 汽车综合性能检测地区分布

2016 年全省汽车综合性能检测站的地区分布情况如下：汽车综合性能检测站在珠三角、粤东、粤西、粤北地区的数量分别占全省总数的 55.88%、16.18%、16.91% 和 11.03%；各地区拥有汽车综合性能检测站数量列前三位的地级以上市（区）见表 5-4。

各地区拥有汽车综合性能检测站数量列前三位的地市 表 5-4

序号	珠三角地区			粤 东 地 区			粤 西 地 区			粤 北 地 区		
	地级市	检测站（个）	检测完成量（万辆次）	地级市	检测站（个）	检测完成量（万辆次）	地级市	检测站（个）	检测完成量（万辆次）	地级市	检测站（个）	检测完成量（万辆次）
1	深圳	15	16.6	揭阳	5	2.34	湛江	8	6.69	韶关	9	1.9
2	广州	12	23.03	梅州	5	2.31	茂名	6	4.29	清远	6	5.39
3	东莞	8	8.07	汕头	4	0.95	阳江	5	3.14	—	—	—

从检测类别看，2016 年全省各类汽车检测完成情况地区分布如下：等级评定检测在珠三角、粤东、粤西、粤北地区的完成量分别占全省检测总量的 81.26%、5.36%、10.97% 和 2.41%；维修竣工检测在珠三角、粤东、粤西、粤北地区的完成量分别占全省检测总量的 8.32%、6.68%、27.22% 和 7.78%；维修质量监督检测在珠三角、粤东、粤西、粤北地区的完成量分别占全省检测总量的 53.12%、6.68%、27.22% 和 7.78%；其他检测在珠三角、粤东、粤西、粤北地区的完成量分别占全省检测总量的 73.89%、2.25%、3.28% 和 20.59%。全省各类汽车检测业务完成量列前五位的地市见表 5-5。

全省各类汽车检测业务完成量列前五位的地市 表 5-5

序号	地级市	等级评定检测	地级市	维修竣工检测	地级市	维修质量监督检测	地级市	其他检测
1	深圳	16 5981	珠海	95 370	江门	14 594	珠海	57 023
2	广州	125 683	广州	91 635	湛江	5 520	中山	27 549
3	东莞	77 697	肇庆	53 640	茂名	5 328	清远	25 430
4	珠海	55 787	惠州	41 212	惠州	3 299	广州	11 680
5	中山	53 732	中山	36 198	韶关	3200	茂名	4 536

（执笔人：谢欣欣）

第 6 章 机动车驾驶培训

2016 年，全省机动车驾驶培训行业得到全面的发展。各地严格按照驾培行业新国标的要求加强管理，行业信息化应用水平不断提高；培训机构向规模化、集约化、基地化发展，教学水平和服务质量稳步提升。

6.1 培训机构

截至 2016 年年底，全省共有机动车驾驶员培训机构 903 户，比 2015 年增加了 47 户，增幅为 5.5%。普通机动车驾驶员培训 856 户，比 2015 年增加了 6.6%。其中一级 134 户、二级 312 户、三级 410 户；道路运输驾驶员从业资格培训 46 户，具体客货运输驾驶员从业资格培训 42 户、危险货物运输从业人员从业资格培训 16 户；同时经营上述两种培训的共 12 户；经营机动车驾驶员教练场的共 40 户。

6.2 教学车辆

截至 2016 年年底，全省共有机动车驾驶培训教学车辆 61 926 辆，比 2015 年增加 2 219 辆，增幅为 3.7%。其中，小型汽车 58 614 辆，占培训教学车辆总数的 94.7%；大型货车 2 298 辆，占 3.7%；摩托车 589 辆，占 1%；大型客车 193 辆，占 0.3%；其他车型 232 辆，占 0.4%。2016 年全省普通机动车驾驶员培训车辆构成如图 6–1 所示。

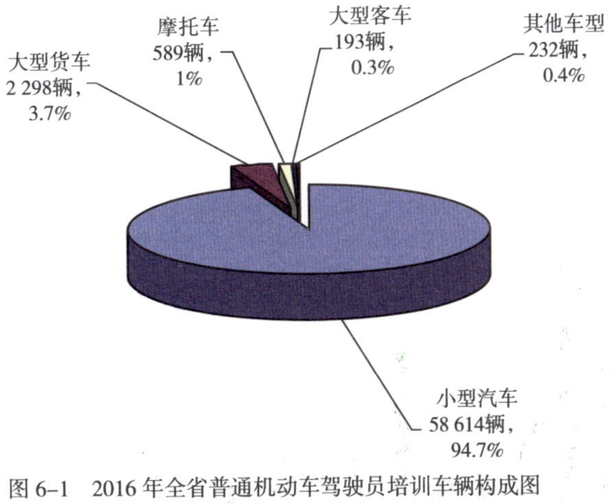

图 6–1 2016 年全省普通机动车驾驶员培训车辆构成图

6.3 培训量

2016 年全省完成机动车驾驶员培训（含从业资格培训）242 万人次，比 2015 年增加 7.2 万人次，增幅为3.1%。其中，培训后考试合格人数171.7万人次，合格率为71%，合格率比2015年降低1.8%。

6.4 驾培行业发展情况分析

从驾培机构业户在地区分布上来看，全省驾培行业仍呈现以珠三角地区为骨干，粤东、西、北协同发展的发展局面。

从机动车驾驶员培训机构规模来看，2016年，全省机动车驾驶员培训行业规模化经营继续深入推进，全省机动车驾驶员培训机构户均拥有教学车辆为68.60辆，比2015年降低5.1%。2011—2016年全省机动车驾驶员培训机构户均拥有车辆数量情况见图6-2。

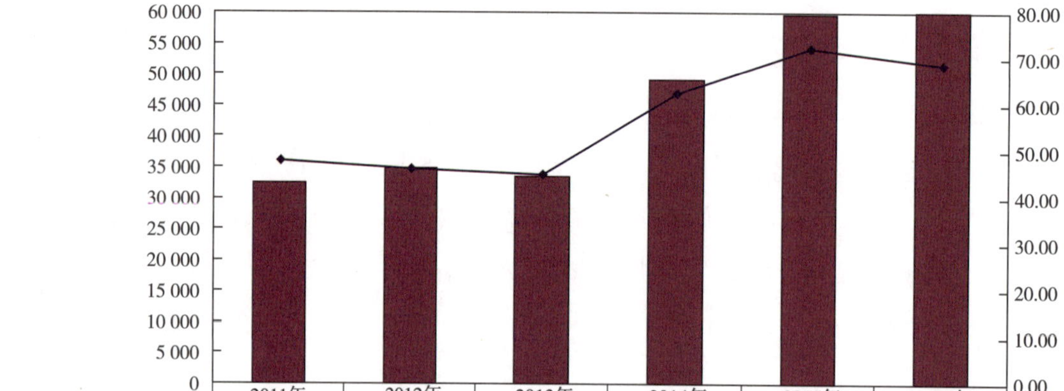

	2011年	2012年	2013年	2014年	2015年	2016年
车辆（辆）	32 475	34 807	33 563	49 078	59 707	61 926
户均拥有量（辆/户）	48.04	46.29	45.05	62.44	72.28	68.60

图6-2 2011—2016年全省机动车驾驶员培训机构户均拥有车辆数量情况

从培训规模的地区分布来看，珠三角、粤西地区规模化经营水平相对较高，粤北地区规模化经营水平最低。其中，珠三角地区户均拥有教学车辆为91.4辆，粤东地区为43.8辆，粤西地区为92辆，粤北地区为43.6辆。全省户均拥有教学车辆数位居前6位的地市是：茂名市、佛山市、东莞市、深圳市、广州市、中山市。2016年全省驾驶员培训机构户均拥有车辆情况如图6-3所示。

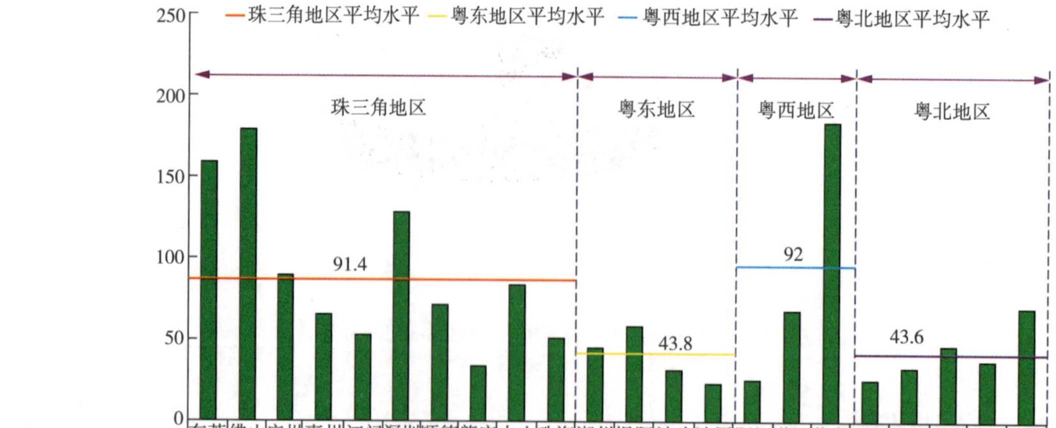

	东莞	佛山	广州	惠州	江门	深圳	顺德	肇庆	中山	珠海	潮州	揭阳	汕头	汕尾	阳江	湛江	茂名	河源	梅州	云浮	清远	韶关
户均拥有车辆（辆）	160	180	89.6	65.1	51.6	127	70.9	33.8	84.4	52	47	58.6	32.6	23.7	25.1	67.7	183	26.3	33.8	48.3	38.3	70.8

图6-3 2016年全省驾驶员培训机构户均拥有车辆数量情况

从培训量的区域分布来看，2016 年粤东地区的培训量增长最快，粤北地区培训量出现负增长。其中，粤东地区增加了 6.1 万人次，较 2015 年增长 28.4%；珠三角地区增加了 15.3，较 2015 年增长 10.1%; 粤西地区培训量增加 2.6 万人次，较 2015 年增长 9.7%；粤北地区培训量下降了 1.5 万人次，较 2015 年下降 9.6%。2016 年全省驾驶员培训量地区分布如图 6–4 所示。

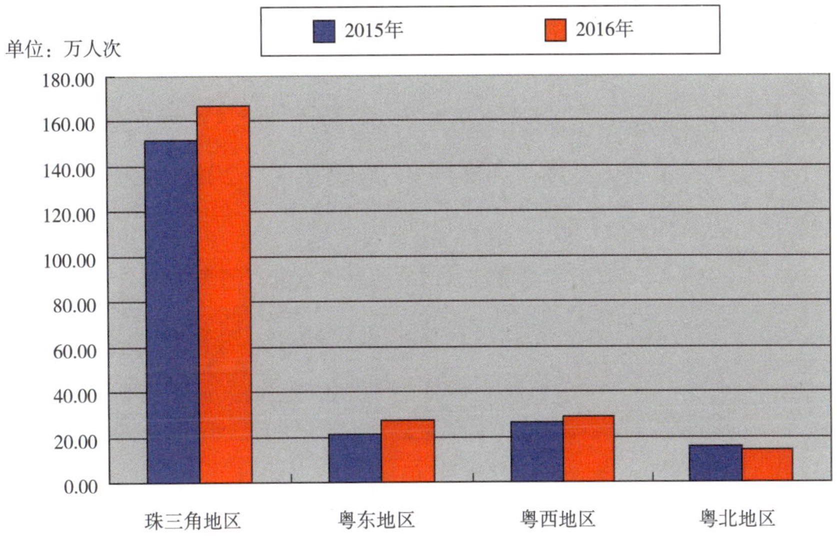

图 6–4 2016 年全省驾驶员培训量地区分布

（执笔人：刘文峰）

第 7 章 出入境管理

7.1 运输量

2016 年，粤港澳直通客运共完成道路旅客运输量 1 311.87 万人次，客运周转量 32.43 亿人·公里，比 2015 年分别减少 6.04%、6.22%，见表 7-1。2010—2016 年粤港澳直通客运量和客运周转量变化情况见图 7-1。

2015 年、2016 年粤港澳直通客运基本情况对照表

表 7-1

地区	客运量（万人次）		客运周转量（亿人·公里）		出入境车辆（万辆次）
		其中出境		其中出境	
2015 年全省合计	1 396.23	655.30	34.58	13.7	78.4
2016 年全省合计	1 311.87	615.04	32.43	12.93	74.32
2016 年较 2015 年增幅（%）	-6.04	-6.14	-6.22	-5.62	-5.20

注：出入境客运量和客运周转量统计口径与第 1 章道路旅客客运量和客运周转量不同。

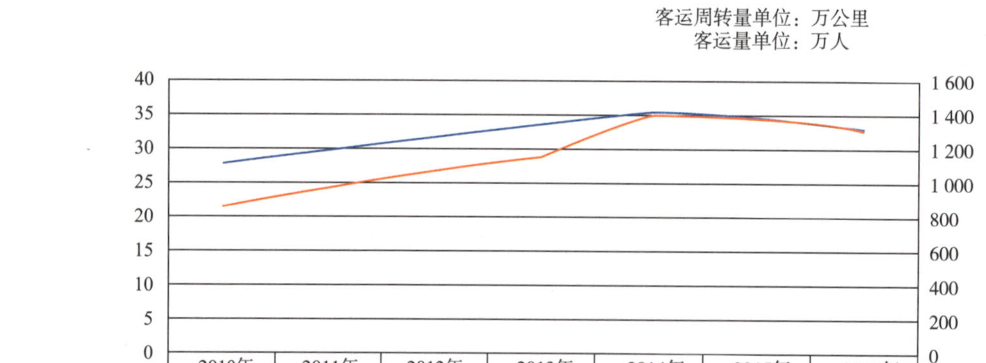

	2010年	2011年	2012年	2013年	2014年	2015年	2016年
客运周转量	21.4	24.5	26.8	28.7	34.6	34.58	32.43
客运量	1 103.9	1 175.9	1 260.6	1 340.4	1 412.4	1 396.23	1 311.87

图 7-1 2010—2016 年粤港澳直通客运量和客运周转量变化图

7.2 市场主体

截至 2016 年年底，全省共有粤港澳直通客运经营业户 149 户，相比 2015 年度减少了 14.38%。户均客车规模为 111.97 辆 / 户，比 2015 年增长了 12.25%。其中，拥有客运车辆数在 10 以下的业户最多，为 94 户，占 63.09%。粤港澳直通客运业户规模构成情况见图 7-2。

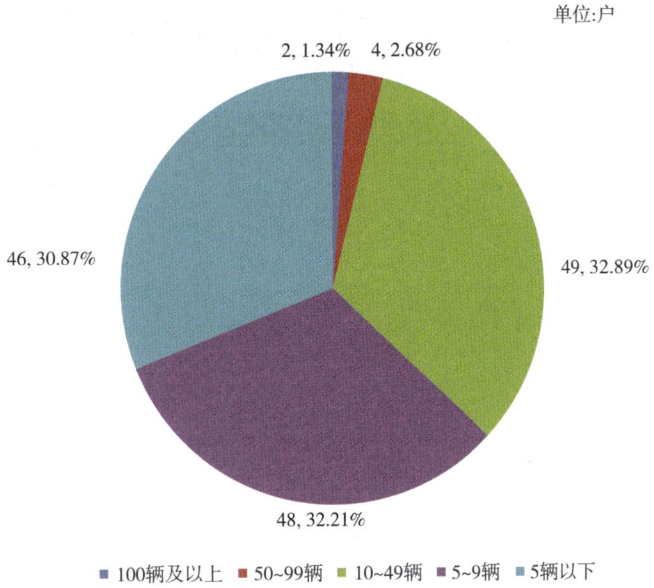

图 7-2　2016 年粤港澳直通客运业户规模结构图

7.3　运输车辆

2016 年，全省共有粤港澳直通客车 1 784 辆，客位数 70 164 个；粤港直通客车 1 483 辆，客位数 58 648 个；粤澳直通客车 301 辆，客位数 11 516 个。粤港澳直通车班车客运客车 481 辆，座位数 22 386 个，平均座位数 46.54 个 / 辆；包车客运客车 966 辆，座位数 45 151 个，平均座位数 46.74 个 / 辆；出租客运客车 337 辆，座位数 2 627 个，平均座位数 7.8 个 / 辆。数据表明，粤港澳之间的旅客出行方式以包车客运为主，车型为大、中型车。2016 年粤港澳直通客运车辆构成情况见表 7-2。

2016 年粤港澳直通客运车辆构成情况表　　表 7-2

地　区	大 型 客 车		中 型 客 车		小 型 客 车		合　计	
	车辆（辆）	客位（个）	车辆（辆）	客位（个）	车辆（辆）	客位（个）	车辆（辆）	客位（个）
全省合计	1 354	65 859	52	1 343	378	2 962	1 784	70 164
深圳（粤港）	1 123	55 626	6	240	354	2 782	1 483	58 648
珠海（粤澳）	231	10 233	46	1 103	24	180	301	11 516

（执笔人：胡胜）

第 8 章　道路运输智能化服务

8.1　道路运政管理信息系统互联互通

按照交通运输部相关文件要求，为进一步加快实现跨区域、跨部门数据共享与业务协同，更好地改进提升道路运输行业服务能力和监管水平，推进行业转型升级发展，在 2015 年部省运政系统对接调试的基础上，针对出现的问题制订整改方案，按照交通运输部要求进一步全面扩大对接内容、提升数据质量、平稳迁移到专网运行。2016 年 7 月，我省提前完成了部省运政系统 2016 年度工作目标，实现了本省道路运政管理信息系统人、车、户信息向全国平台的定时上报、实时上报、跨省互查和从业人员转籍等业务的跨省联调。

8.2　从业人员档案信息化管理试点工作

在交通运输部运输服务司的指导下，按照《关于开展道路运输从业人员档案信息化管理试点工作的复函》（交运便字〔2015〕113 号）要求，我省与福建省交通运输厅运输管理局共同试点推行了道路运输从业人员档案信息化管理。

在省道路运政管理信息系统与全国道路运政管理信息系统对接的基础上，梳理我省道路运输从业人员档案管理规范，编写了《道路运输从业人员档案电子化规范》，实现从业人员的整个生命周期的电子化档案管理，该规范已结合部通信中心和福建省交通运输厅运输管理局反馈意见进行了修改完善，并于 2016 年 5 月上报交通运输部，完成了试点相关工作。

8.3　卫星定位数据管理系统

截至 2016 年 12 月 31 日，全省共有车辆 411 230 辆，其中重点车辆数 298 132 辆。联网联控车辆 41 380 辆，客运班车 16 110 辆，旅游包车 8 128 辆，危险品车辆 17 142 辆。入网率为 100%。2016 年，我局对卫星定位监控系统进行了升级改造，优化了系统功能和性能，并与全省各地市交通主管部门负责卫星定位监控同志和平台营运商建立了及时有效的沟通渠道。

2016 年，我省重点营运车辆超速行为总数为 6 119 辆次，与 2015 年的 21 690 辆次相比下降了 71.8%；凌晨 2—5 时违法违规营运车辆共 4 673 次，与 2015 年的 3 065 次相比增加了 34.4%（从 2016 年 8 月开始统计包含所有班车）；23 家企业共 317 台车重点营运车辆月在线率为零，与 2015 年比，重点营运车辆企业在线率为零的比例减少了 61.6%。全省重点营运车辆超速等违规情况总体呈下降趋势，监管效果明显。

8.4 IC 卡道路运输证与粤通卡两卡融合项目试点

为了进一步节约资源、方便群众，提升公共服务效率和水平，根据广东省道路运输管理信息化建设领导小组的工作部署，广东省道路运输管理局联合广东联合电子服务股份有限公司等有关单位开展道路运输证与粤通卡两卡融合试点工作。

通过道路运输证与粤通卡两卡融合的技术可行性研究，设计并实现具有兼具道路运输证IC 卡和粤通卡功能的融合卡；结合现有道路运输证 IC 卡的发卡流程，整合形成融合卡的发卡流程。目前融合卡已经组织在广州市部分货运企业中开展小范围试点。

（执笔人：郑秋纳）

第 9 章　道路运输安全与监管

2016 年，全省道路运输领域安全生产形势稳定向好，各级交通运输主管部门深入开展“道路运输平安年”活动、道路运输安全生产监督检查、道路运输安全生产重点攻坚治理、道路运输安全生产应急救援综合演练等工作，全面提升了道路运输领域的安全生产水平。

9.1　道路运输事故总体情况

2016 年，全省道路运输安全生产形势稳定向好，全省共发生道路运输安全生产事故 299 宗（2015 年同期，292 宗），同比上升 2.40%；死亡 334 人（2015 年同期，371 人），同比下降 9.97%。全年未发生道路运输安全生产重特大事故。2012—2016 年道路运输事故情况对比见图 9-1。

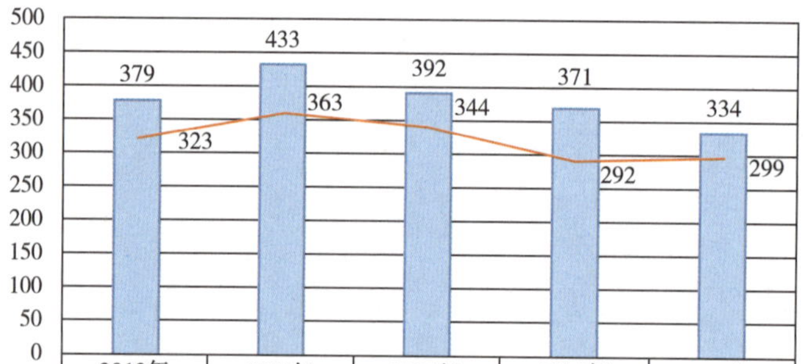

	2012年	2013年	2014年	2015年	2016年
死亡人数（人）	379	433	392	371	334
事故数（宗）	323	363	344	292	299

图 9-1　2012—2016 年道路运输事故情况对比图

其中，一次死亡 3 人以上 10 人以下的较大事故（以下简称“较大事故”）宗数共 9 宗（2015 年同期，18 宗），同比下降了 50%；死亡 27 人（2015 年同期，70 人），同比下降了 61.43%。较大事故宗数和死亡人数的下降幅度均超过了 50%，全省道路运输领域安全生产工作取得了显著的成绩。2012—2016 年道路运输较大事故情况对比见图 9-2。

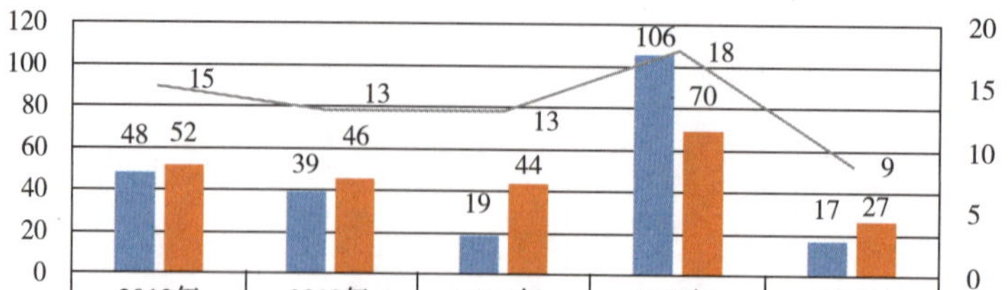

	2012年	2013年	2014年	2015年	2016年
受伤人数（人）	48	39	19	106	17
死亡人数（人）	52	46	44	70	27
事故数（宗）	15	13	13	18	9

图 9-2　2012—2016 年道路运输较大事故情况对比图

9.2 道路运输事故分析

9.2.1 季度分布

2016 年第二季度和第四季度较大事故多发。第二季度发生 3 宗较大事故，造成 9 人死亡，占全年较大事故总数和死亡人数的 33.3%。第四季度发生 4 宗较大事故，造成 12 人死亡，占全年较大事故总数和死亡人数的 44.4%。受伤人数仅第四季度就占了全年较大事故中受伤人数的 70.59%。2016 年各季度较大事故情况见表 9-1。

2016 年各季度道路运输较大事故情况　　表 9-1

季度	较大事故情况		死亡情况		受伤情况	
	事故宗数（宗）	事故宗数占比（%）	死亡人数（人）	死亡人数占比（%）	受伤人数（人）	受伤人数占比（%）
一季度	1	11.11	3	11.11	3	17.65
二季度	3	33.33	9	33.33	2	11.76
三季度	1	11.11	3	11.11	0	0.00
四季度	4	44.44	12	44.44	12	70.59

与 2015 年相比，2016 年一、三季度的较大事故宗数下降明显，二、四季度则是没有变化；2016 年四个季度的较大事故死亡人数比 2015 年均有下降；其中三季度的较大事故宗数和死亡人数的降幅最大，分别下降了 85.71%、88.88%。具体见图 9-3。

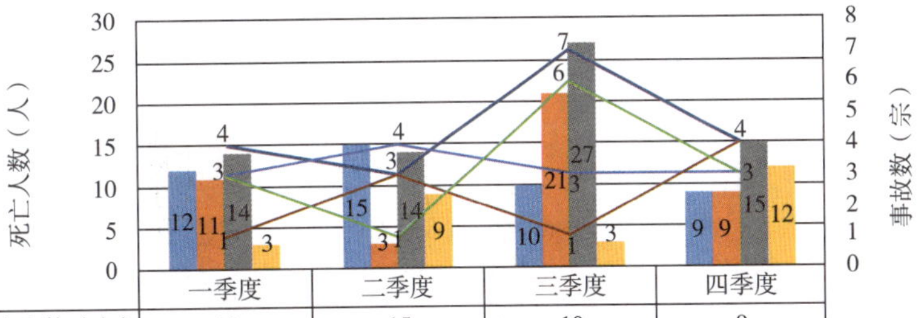

	一季度	二季度	三季度	四季度
2013年死亡人数（人）	12	15	10	9
2014年死亡人数（人）	11	3	21	9
2015年死亡人数（人）	14	14	27	15
2016年死亡人数（人）	3	9	3	12
2013年事故数（宗）	3	4	3	3
2014年事故数（宗）	3	1	6	3
2015年事故数（宗）	4	3	7	4
2016年事故数（宗）	1	3	1	4

图 9-3　2013—2016 年道路运输较大事故各季度对比图

9.2.2 月度分布

2016 年，全省共有 7 个月发生了较大事故，5 个月未发生较大及以上事故，无发生较大事故月份比 2015 年增加一个月。其中 2 月、7 月、10 月同比无较大事故，6 月、11 月同比发生较大事故，1 月、9 月同比均无较大事故发生。6 月较大事故数同比下降 85.71%。具体见图 9–4。

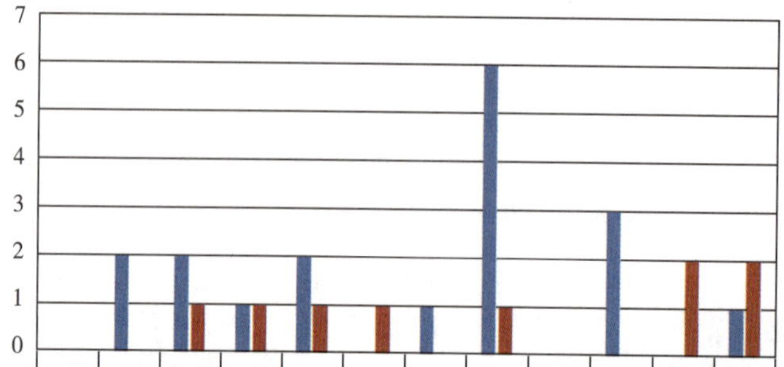

	1月	2月	3月	4月	5月	6月	7月	8月	9月	10月	11月	12月
■2015年事故数（宗）	0	2	2	1	2	0	1	6	0	3	0	1
■2016年事故数（宗）	0	0	1	1	1	1	0	1	0	0	2	2

图 9–4　2015 年、2016 年较大事故月份分布对比情况图

9.2.3　时段分布

如图 9–5 所示，以 23 时起将一天分为 4 个时间段，2016 年道路运输较大事故主要集中在 23—5 时与 11—17 时两个时间段。其中 23—5 时发生较大事故 2 宗，造成 6 人死亡、5 人受伤；11—17 时发生较大事故 5 宗，造成 15 人死亡、12 人受伤，两个时间段发生的较大事故宗数、死亡人数、受伤人数分别占了全年的 22.22%、22.22%、29.41% 与 55.56%、55.56%、70.59%。可见 2016 年较大事故主要集中在这两个时段。

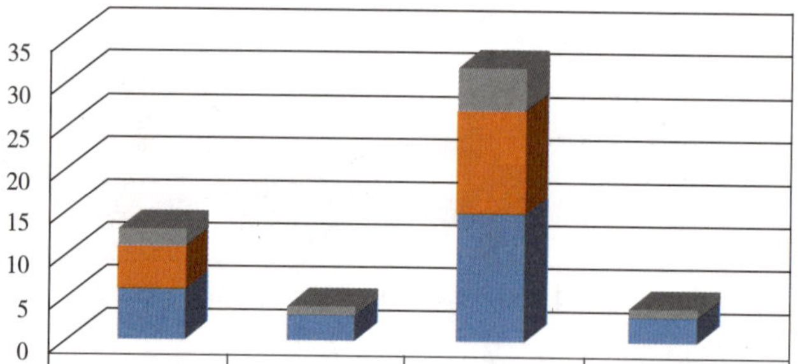

	23—5时	5—11时	11—17时	17—23时
■事故数（宗）	2	1	5	1
■受伤人数（人）	5	0	12	0
■死亡人数（人）	6	3	15	3

图 9–5　2016 年道路运输较大事故时段分布情况图

9.2.4　事故形态

2016 年道路运输较大事故形态全部为碰撞形态。涉及碰撞的道路运输车辆类型可分为大型客车、大型客车与货车、货车、公共汽车、出租车，占较大事故宗数的比例分别为

22.22%、11.11%、44.44%、11.11%、11.11%。具体如图 9–6 所示。

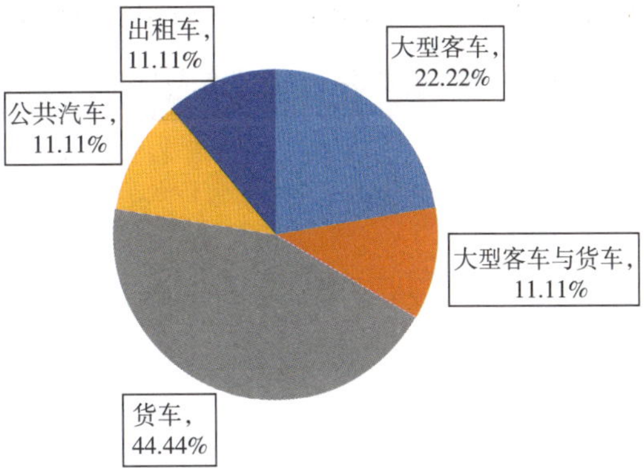

图 9–6　2016 年道路运输较大事故涉及车辆情况对比图

9.2.5　事故特点

分析 2016 年的道路运输较大事故，主要有以下几个特点：

（1）3 起涉及大客车的较大事故对方车辆均有交通违法行为导致与大客车的碰撞。清远“3.1”事故中对方车辆在高速公路上倒车后从应急车道驶入行车道时未照顾后方来车；河源“8.11”事故对方车辆在转弯下坡路段超速占道行驶；汕头“11.23”由于停靠在路边的车辆突然起步打转向盘，致使大客车避让不及，两车发生碰撞。可以看出外部因素是导致大客车发生较大事故的特点。

（2）货车特别是半挂牵引车的较大事故突出。涉及货车的较大事故占较大事故比重的 55.56%，半挂牵引车较大事故占货车较大事故宗数的 60%。可以看出，较大事故中货车的占比超过了一半，其中半挂牵引车占比也超过货车较大事故宗数的一半。

（3）较大事故发生的时间段集中。77.78% 较大事故均集中在 23—5 时与 11—17 时两个时段，这两个时段处于中午与午夜时间段前后，容易出现“午乏”的现象，较其他时间段更易发生较大事故。

（4）公共汽车、出租车等其他道路运输车辆的较大事故均有发生，与摩托车、面包车发生碰撞的事故形态占比也不小。2016 年发生的 9 宗较大事故中，各有 1 宗涉及公共汽车和出租车的较大事故，有 3 宗是与摩托车、面包车发生碰撞导致事故发生。

（执笔人：梁海强；参与人：冯春平）

第 10 章　道路运输从业人员管理

2016 年，全省道路运输从业人员管理工作以从业人员素质提升工程会议为契机，积极推进道路运输从业人员素质提升工程，初步确立了“以解决行业短板问题为突破口，以基地教育为依托、以技能竞赛为载体、以职业教育为抓手”的总体工作思路，在人员资格管理、诚信评价、继续教育等体系上进行了全面梳理，力争 3 年内全面提升道路运输从业人员素质。

10.1　道路运输从业人员情况

10.1.1　基本情况

截至2016年年底，全省共有道路运输从业人员175.67万人次，比2015年减少了16 665人次，减少了 0.94%。其中，持证上岗从业人员达 164.1 万人次，占从业人员总数的 93.41%。道路旅客运输经营从业人员为 33.89 万人次，道路货物运输经营从业人员为 89.81 万人次，站（场）经营从业人员为 3.85 万人次，机动车维修经营从业人员为 36.72 万人次，汽车综合性能检测站从业人员为 2 590 人次，机动车驾驶员培训从业人员为 9.07 万人次（数据四舍五入计）。2015—2016 年道路运输从业人员基本情况见表 10-1。

2015—2016 年道路运输从业人员基本情况表（单位：人次）　　表 10-1

年份及增长率	道路运输从业人员	其中							
		道路旅客运输经营从业人员	道路货物运输经营从业人员	站（场）经营从业人员	机动车维修经营从业人员	汽车综合性能检测站从业人员	机动车驾驶员培训从业人员	汽车租赁从业人员	其他相关业务经营从业人员
2016 年	1 756 690	338 909	898 109	38 464	367 224	2 590	90 697	6 588	14 109
2015 年	1 773 355	259 883	972 009	38 745	394 097	2 593	84 971	6 513	14 544
增长率（%）	-0.94	30.41	-7.60	-0.73	-6.82	-0.12	6.74	1.15	-2.99

10.1.2　人员构成

从道路运输从业人员数量构成来看，道路货物运输经营从业人员数量最多，占 51.13%；机动车维修经营从业人员数量次之，占 20.90%；道路旅客运输经营从业人员数量排列第三，占 19.29%；机动车驾驶员培训从业人员排列第四，占 5.16%。2016 年广东省道路运输从业人员结构见图 10-1。

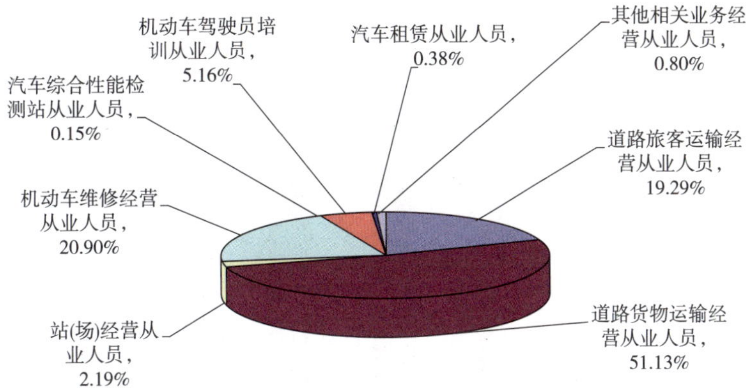

图 10-1　2016 年广东省道路运输从业人员结构图

10.2　道路运输从业人员继续教育和诚信评价管理

为不断提高道路运输驾驶员职业素质，促进道路运输驾驶员继续教育科学化、制度化和规范化，省交通运输厅启用了广东省道路运输企业服务平台，要求各地市组织道路运输企业和继续教育机构通过该平台办理驾驶员从业资格注册备案和报送继续教育学时。2016 年，全省各地共组织驾驶员参加继续教育 108 407 人，培训总学时共约 4 406 706 学时，对保障道路运输驾驶员及时办理从业资格证到期换证业务和提升驾驶员综合素质起到了关键性作用。

为进一步加强道路运输驾驶员动态管理，推进道路运输从业人员诚信体系建设，建立健全守信激励和失信惩戒机制，2016 年 1—3 月对 2015 年度道路运输驾驶员和教练员进行了首次诚信评价，共有 1 367 628 名 A 级道路运输驾驶员，83 229 名 A 级教练员，1 086 名 B 级道路运输驾驶员，43 名 B 级教练员。

10.3　机动车驾驶教练员从业资格管理

根据中华人民共和国国务院 2016 年 2 月 3 日印发的《国务院关于第二批取消 152 项中央指定地方实施行政审批事项的决定》（国发〔2016〕9 号）精神，机动车驾驶培训教练员从业资格证认定事项已被取消。从 2016 年 2 月 3 日起，全省各驾驶培训教练员从业资格考试报名受理点全面停止驾驶培训教练员从业资格认定工作，具体包括报名申请、教练员证续期换发、资料变更、遗失补办、损毁补办、注销及教练员档案转籍等业务。

10.4　道路运输从业人员发展趋势分析

10.4.1　总体分析

从 2012—2016 年的从业人员总量来看，2015 年起首次出现总量减少的情况，减少幅度为 11.13%；2016 年总量继续减少，但幅度减少至 0.90%。经初步分析，2016 年为我省道路运输行业转型升级之年，由于外省返乡的驾驶员流失、从业人员年龄超龄等原因，导致道路运输从业人员总体数量出现了下降，但下降幅度相对平稳。具体变化趋势详见图 10-2。

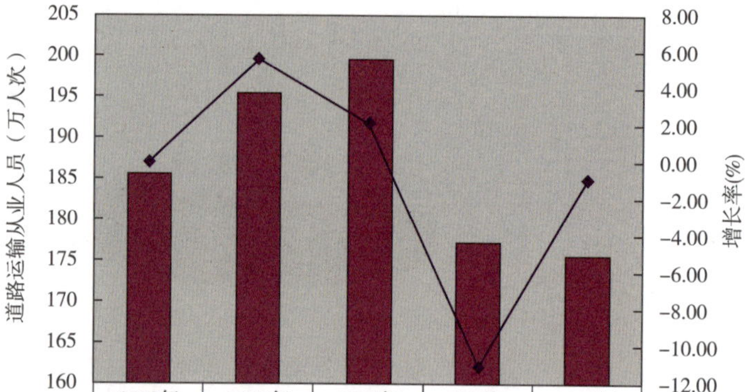

	2012年	2013年	2014年	2015年	2016年
道路运输从业人员(万人)	185.1	195.4	199.5	177.3	175.7
增长率(%)	0.00	5.56	2.10	-11.13	-0.90

图 10-2　2012—2016 年广东省道路运输从业人员变化趋势图

从道路运输从业人员各个类别来看，2016 年道路货物运输经营从业人员、机动车维修经营从业人员持续减少，减少比例分别为 7.6%、6.82%；而道路旅客运输经营从业人员、机动车驾驶员培训从业人员出现了不同程度的增长，分别为 30.4%、6.8%。经初步分析，部分地区大客货车驾驶证考试工作重新恢复，机动车驾驶培训行业改革工作的推进，有一定的影响。2010—2016 年广东省道路运输各个类别从业人员变化趋势如图 10-3 所示。

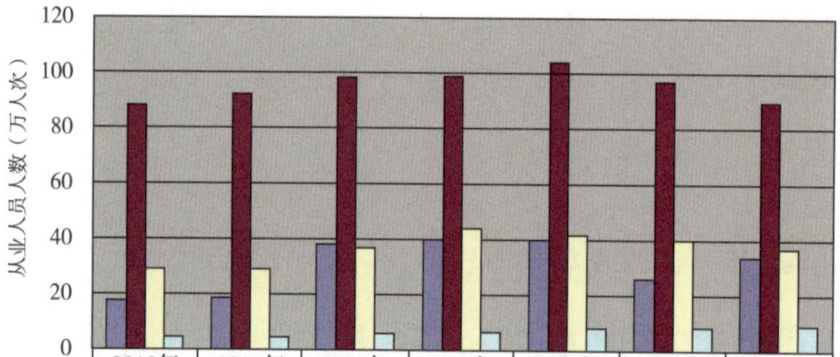

	2010年	2011年	2012年	2013年	2014年	2015年	2016年
道路旅客运输经营从业人员	17.35	18.41	37.88	39.8	40	25.99	33.89
道路货物运输经营从业人员	87.95	92.26	98.21	98.7	104.16	97.2	89.81
机动车维修经营从业人员	28.94	29.08	36.68	43.81	41.28	39.41	36.72
机动车驾驶员培训从业人员	4.35	4.67	6.07	6.81	7.54	8.5	9.07

图 10-3　2010—2016 年广东省道路运输各个类别从业人员变化趋势图

10.4.2　各地市对比分析

从道路运输从业人员总数来看，大部分地区数量基本平稳，部分地区出现了较大幅度的减少，如广州市减少了 27.78%，佛山市减少了 27.20%。经初步分析，与近年来外省返乡的驾驶员流失有比较大的关系。2015—2016 年广东省各地道路运输从业人员变化对比见图 10-4。

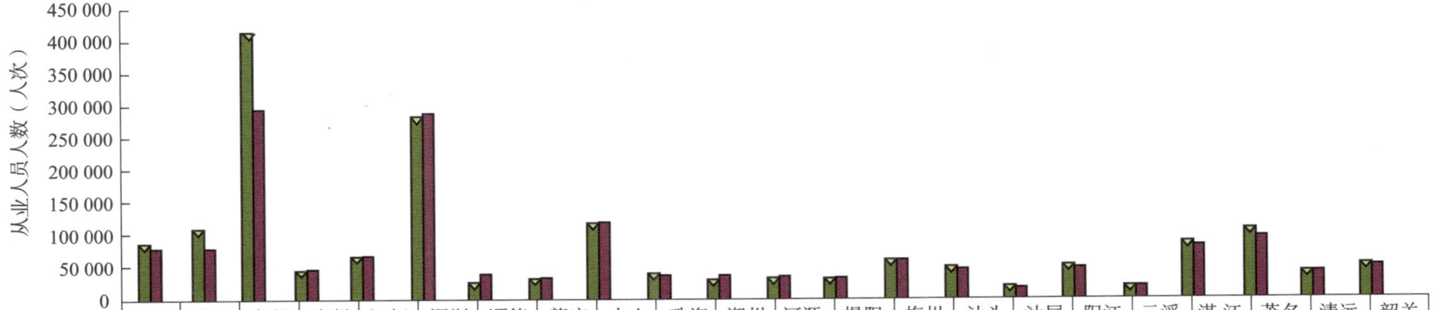

	东莞	佛山	广州	惠州	江门	深圳	顺德	肇庆	中山	珠海	潮州	河源	揭阳	梅州	汕头	汕尾	阳江	云浮	湛江	茂名	清远	韶关
2015年	86 641	109 300	413 111	45 263	66 333	281 503	25 351	32 321	118 405	39 033	29 829	30 775	31 233	59 033	48 682	17 487	50 295	18 418	85 171	102 667	40 773	50 961
2016年	79 185	79 571	298 339	43 581	65 073	287 524	37 766	30 504	118 637	35 224	35 373	32 876	32 145	59 295	45 219	16 863	46 854	18 718	82 163	94 146	40 558	49 543
变化幅度（%）	-8.61	-27.20	-27.78	-3.72	-1.90	2.14	48.97	-5.62	0.20	-9.76	18.59	6.83	2.92	0.44	-7.11	-3.57	-6.84	1.63	-3.53	-8.30	-0.53	-2.78

图 10-4 2015—2016 年广东省各地道路运输从业人员变化对比图

（执笔人：陈柯漫）

专题篇 ZHUAN TI PIAN

专题1 开展道路客运改革试点工作

为深入贯彻落实党的十八大和交通运输部全面深化改革精神，激发道路运输市场活力，我省支持运输企业在经营、管理各个方面开展各种形式的创新探索，2016年省交通运输厅共批复深圳市运发集团股份有限公司、广东粤运交通股份有限公司、广州市第二公共汽车公司等10家道路客运企业，指导其开展为期2年的试点，为道路运输行业创新发展做出了有益探索。一是自主组客。指运输企业参照铁路、民航运输企业的经营模式，实现互联网自主售票。道路客运企业自主售票组织的乘客到客票指定的客运站和配客点乘车。各试点企业积极建设出行服务平台，包括深圳斯为美的“网约巴士”、广州交通集团的“如约城际”、广州快搭公司的“巴士门”、粤运“悦行”、深圳运发集团的“运发出行”等。二是联程联运。指企业利用自有线路资源或与其他企业合作，在途经客运场站、配客点以及符合规定条件的高速公路服务区开展联程联运服务，拓展线路网络，提升班线实载率。粤港公司在勒流服务区设置了联程联运服务点，省内旅客可在当地汽车客运站购买联程车票，从当地乘车到联运站凭该票再乘坐跨境车辆直达香港，实现一票到达；粤运公司与江门汽运公司共同在雅瑶服务区开展联程联运试点，乘客在鹤山汽车总站购买联程联运车票后，由江门汽运公司安排免费专车接送前往换乘点进行换乘。三是个性化服务。指企业针对社会日益增长的个性化、小批量、高端服务需求，开展定制班车、定制包车、校园专线、商务专车、小型包车等运输服务。部分试点企业在省厅和地市指导下积极开展工作，取得了一定成效。

（执笔人：崔会芬）

专题 2　全省深化出租汽车行业改革工作全面启动

国家深化出租汽车行业改革政策出台后，我省严格按照党中央、国务院和省委省政府的要求，依照“标本兼治，深化出租汽车改革和规范网约车发展同步推进”的原则，通过创新行业发展与管理政策，强化行业监管，深化出租汽车供给侧改革，落实地市监管责任，落实企业主体责任，改革取得了阶段性成效。我省 21 个地市于 2016 年 12 月初全部完成了网约车实施细则的起草和向公众征求意见的工作。

省交通运输厅严格按照国家和省委省政府的要求，充分尊重地方人民政府在出租汽车行业管理的主体地位，做好行业改革指导和督促工作。10 月 4 日，《中共广东省委办公厅　广东省人民政府办公厅　关于促进出租汽车行业健康发展的通知》（粤委办发电〔2016〕114 号 粤机发 3266 号）以明电形式下发。《通知》就贯彻落实国家关于深化出租汽车行业改革的部署，促进我省出租汽车行业健康发展，从推进巡游车改革、规范网约车发展以及促进行业稳定发展等几方面提出了具有我省特色的深化出租汽车行业改革要求。省政府成立了以袁宝成副省长为组长的全省深化出租汽车改革领导小组，并于 11 月 7 日召开了全体成员单位会议，会上袁宝成副省长作了重要讲话，要求各成员单位高度统一思想，落实各方职责，深刻认识出租汽车行业改革是服务保障民生、维护社会稳定的迫切需要，是国家作出的一项重大改革决策。各部门要团结协作，敢于担当，理清责任链条，拧紧责任螺丝，努力使各项改革都能落地生根。我厅积极做好广东省深化出租汽车改革领导小组日常工作，通过宣贯会、动员会、研讨会和推进会等多种形式指导和督促各地落实国家改革政策。同时，加快省级层面的制度设计，加快修订《广东省出租汽车管理办法》，联合相关厅局制订我省网约车经营者线上服务能力认定工作流程。

（执笔人：王凯）

专题3　创新服务模式　推进驾驶培训改革

出台广东省机动车驾驶员培训考试制度改革实施方案。2016年7月12日，广东省人民政府办公厅向全省各市印发《广东省人民政府办公厅转发省公安厅省交通运输厅关于推进机动车驾驶人培训考试制度改革实施方案的通知》（粤府办〔2016〕77号，以下简称《方案》）。《方案》指出要按照全面深化行政体制改革有关要求，推进简政放权、放管结合、优化服务，促进驾驶培训市场开放竞争、驾驶考试公平公正、服务管理便捷高效，不断满足人民群众驾驶培训考试需求，要坚持“安全第一、便民利民、开放竞争、公正廉洁”四项基本原则，从“创新培训方式、加强培训管理、提高考试供给能力、改进考试组织、严格监督问责、提升服务水平”六大方面开展我省机动车驾驶员培训考试制度改革工作，到2018年在全省基本建立开放有序、公平竞争、服务优质、管理规范的驾驶培训市场体系，基本建立公开透明、权责清晰、运转高效、公开廉洁的驾驶考试管理体制，基本解决培训考试中的不便利、不规范、不经济等问题。

完成驾培服务模式改革年度民生实事任务。为完成“先培后付、计时培训、计时收费”服务模式覆盖率达60%以上这一民生实事，全省行业内组织多期驾培改革政策宣贯培训，使各级管理部门和驾培机构理解服务模式改革的正确内涵，并在11月30日召开了全省机动车驾驶培训监管服务平台应用试点总结暨推进服务模式改革现场会，要求各级驾培行业管理部门做到“三个一”：召开一次专题形势分析会、开展一次有针对性的政策宣讲、组织一次专项督导，力保如期完成驾培服务模式改革年度民生任务。截至2016年年底，全省共有572家驾培机构提供“计时培训、计时收费、先培后付”服务模式，约占全省机动车驾培机构总数的68.75%。

扎实推进驾驶培训监管服务平台试点。在顺德开展机动车驾培改革综合试点，推进省级机动车驾驶培训监管服务平台建设，基本完成驾驶培训计时系统与公安考试系统对接的技术和理论准备，优化了省监管服务平台的功能模块和数据传输逻辑，明确了企业基础信息数据项和上传格式。

协调解决驾驶培训与考试过程中的重难点问题。一是协调省公安部门取消长途考试，大大减轻驾校的负担和安全压力，有效防范驾培工作中的不正之风；二是解决了异地户籍报考培训问题，方便学员报名和驾校招生；三是解决了教练员担任考试安全员问题，减轻了企业的经济负担和安全责任；四是协调公安交管部门在全省各地市统一划定科目三培训路段，减少安全隐患，防止违规培训；五是有效解决了部分地市考能不足的问题，明确约考60天后还不能安排考试的，可以就近去相邻地市考试；六是达成取消许可后教练员资格备案工作的共识，解除教练员科目三上路教学的后顾之忧。

（执笔人：谢欣欣）

专题 4　广东省推动道路运输车辆年度审验改革

为切实做好广东省道路运输车辆年度审验改革工作，进一步推动道路运输车辆年度审验工作的规范、高效和便民，2016 年 6 月，广东省制订印发了《广东省道路运输车辆年度审验改革实施方案》，明确要推行道路运输车辆审验网上申办、审验项目系统自动校验、审验信息自助更新等便民措施。

在前期的系统建设、试点运行、宣传推广等工作的基础上，自 2017 年 1 月 1 日起，我省 74 万多的道路客货运输经营者将可以通过互联网完成车辆审验网上申办业务，通过全省任一家综合性能检测机构或联网售票示范汽车客运站实现道路运输证 IC 卡审验信息的自助更新，基本实现在全省范围内办理车辆审验业务“零上门”，有望每年减少约 74 万次的交通出行，在方便道路客货运输经营者的同时，也在为改善城市交通拥堵、减少汽车尾气排放等方面作出重要贡献。

（执笔人：谢欣欣）

专题 5　培育道路运输从业人员的“工匠精神”，推动从业人员素质提升

近年来，随着我省道路运输业的市场化改革和转型升级，“互联网 +”道路运输服务的持续发展，道路运输行业吸引了更高学历、更高素质、更具活力的从业人员。道路运输业既在保障民生方面发挥了应有作用，也为“大众创业、万众创新”提供了大量机会和岗位。但是关键岗位从业人员短缺、从业人员职业化培训不足等方面的问题依然存在。

为此，省交通运输厅会同省教育厅、公安厅、人社厅及省总工会，于 2016 年 10 月 25 日联合出台了《广东省道路运输从业人员素质提升工程实施方案》（以下简称《实施方案》）。《实施方案》计划于 2016—2018 年，利用 3 年时间在全省范围内推进道路运输从业人员素质提升工程，提出规范从业人员管理、推进驾驶员职业教育、强化重点岗位人员职业培训、完善从业人员继续教育体系、培育从业人员的“工匠精神”、推进从业人员信息的互联互通、提升从业人员职业保障水平、营造和谐就业环境等 9 项具体措施，明确了我省道路运输从业人员素质提升工程的任务分工和时间表。《实施方案》还提出，要加快完善从业人员诚信评价制度系统，实现部门间数据共享，科学引入社会评价，实现公众对营运车辆及从业人员的实施监督评价，建立“黑名单”管理制度，将从业人员安全生产、交通违法、服务质量等信用记录纳入国家征信系统。

2016 年 10 月 28 日，全省道路运输从业人员素质提升工作会议在广州召开（下图）。厅党组成员、副厅长刘晓华同志出席会议并作主旨讲话。会议由广东省道路运输管理局褚自

力副局长主持，省教育厅、公安厅、人力资源和社会保障厅、省总工会有关负责同志，交通运输厅有关处室和省道路运输管理局的有关负责同志，全省各地级以上市交通运输局（委）的分管领导和部门负责人，行业协会代表，道路运输企业代表，广州市客运、货运、危运、公交及出租企业一线的从业人员共188人参加会议。会议提出要实施道路运输从业人员素质提升工程，坚持道路运输从业人员数量与质量并重发展的总思路，着力培育“工匠精神”，建立职业化、终身化教育培养新模式，全面提升从业人员整体素质和能力。

会上，省交通运输厅副厅长刘晓华表示，要以全行业从业人员素质提升，加快推进我省道路运输服务提质、增效、升级。他介绍，将大力推进大型客货车驾驶人职业教育试点工作，解决“两客一危”驾驶员数量不足的问题；运用“互联网+”思维，建立道路运输从业人员继续教育培训体系；鼓励校企共建实验实训平台、技能大师工作室等，开展现代学徒制试点，以从业人员培训基地建设为依托、以行业技能竞赛为载体，推动道路运输从业人员“工匠精神”的养成，营造崇尚技术、精益求精的行业氛围。

（执笔人：陈柯漫）

专题 6　2016 中国（小谷围）“互联网 + 交通运输”创新创业大赛成功举办

2016 年，经交通运输部批准，广东省交通运输厅、中国交通报社、广州市番禺区人民政府共同主办 2016 中国（小谷围）“互联网 + 交通运输”创新创业大赛。大赛自 8 月至 12 月历时 4 个月，围绕交通运输行业“创新驱动、跨界融合、转型升级”的主题，组织三项专业赛事、建立六大资源池、开展系列创新创业主题活动。

本次大赛参赛项目共有 1 026 个项目报名参赛，涵盖客运、物流、航运、轨道交通、停车、修车、学车、车联网、公路建设、出行与拯救、交通支付、交通大数据、新能源新材料等 50 多个细分领域。参赛团队覆盖全国 25 个省（区、市）及新加坡，国内 35 所交通运输大专院校，其中 10 多个道路运输百强企业项目报名角逐创新大赛。据不完全统计，直接参与到大赛相关活动的单位累计超过 3 000 家。

大赛通过不断培育交通发展新动能、催生交通新业态。推动 15 家道路客运“+ 互联网”深化改革试点项目、9 家“互联网 +”运输服务示范项目陆续实施，日渐成为行业依托“互联网 +”，主动谋求变革，勇闯转型升级新道路，提升发展质量和服务水平的典范。

地方采风 DI FANG CAI FENG

深圳市2016年道路运输工作情况介绍

一、货运部分

（一）行业基本概况

1. 普通货运行业（含泥头车、拖车、堆场、场站）

深圳市道路货物运输企业共20 778家，营运车辆共171 301辆。其中，普通货物运输企业（含大型物件、冷藏保鲜）17 316家，车辆总数89 297辆；集装箱运输企业3 314家，集装箱牵引车34 139辆，半挂车37 058辆；泥头车运输企业210家（129家达标），泥头车9 382辆；罐式车运输企业200家（55家达标），罐式车3 590辆。

目前，已取得《道路运输经营许可证》并获得“集装箱中转站”经营资质的企业（集装箱外堆场）共有18家，已取得《道路运输经营许可证》并获得“货运站场经营”资质的企业（货运场站）共有2家。

2. 危运行业

深圳市共有道路危险货物运输(以下简称“危运”)企业73家。其中，经营性道路危运企业49家，非经营性道路危运企业24家。经营油品、化工涂料类（汽油、柴油、油墨涂料）运输企业38家，经营气体类（液化石油气、液化天然气、各类工业用或医用特殊气体）运输企业23家，经营爆炸品、剧毒类运输企业1家企业，经营杂类（危险废物、腐蚀类）企业8家，放射性物品运输企业1家。

目前深圳市共有危运车辆1 763辆，核定载质量21 169.7吨。其中，重型货车共有901辆，占51.1%；大型货车共有352辆，占20.0%；小型货车共有363辆，占20.6%；中型货车共有147辆，占8.30%。从车型结构来看，罐式半挂车共有173辆，占9.82%;专用罐车共有307辆，占17.5%；牵引车共有215辆，占12.3%；厢式货车共有949辆，占53.9%；其他车型共119辆，占6.75%。所有危运车辆均已安装车载GPS系统。

3. 维修行业

目前，深圳市共有持有《道路运输经营许可证》的汽车维修企业2 466家(4S店157家)，其中，一类维修企业126家，二类汽车维修企业681家，三类专项汽车维修企业1654家，危险货物运输车辆维修5家，从业人员约6万人。各辖区的汽车维修企业分布情况如下：罗湖区132家，福田区190家，南山区166家，盐田区53家，宝安区738家，龙华新区372家，龙岗区601家，大鹏新区42家，坪山新区84家，光明新区88家。综合性能检测站共15家，福田1家、南山2家、盐田1家、宝安3家、龙岗3家、光明1家、坪山1家、龙华3家。

（二）业务办理情况

1. 货运行业

2016 年共办理新增运力 4 558 宗，行政许可 1 957 宗，车辆年审、超载超限超速等业务 172 544 宗。截至 12 月底，共办理港运通业务 4 249 件，办理了港运通的营运车辆总数为 22 538 辆。

2. 危运行业

办理审批业务 85 件，其中许可类 50 件，审批通过危运车辆 97 辆（其中新增车辆 31 台，以旧更新 66 台）；办理一般服务事项 35 件（其中新增车辆预审核 9 家企业，注销 2 家危运企业的营运资质，完成 4 件申请新增粤港出入境危运车辆的材料初审与现场核查工作，其他服务事项 20 件）。

3. 维修行业

深圳市共办理汽车维修行政审批业务 1 447 件，其中深圳市港航货运局共办理维修行业行政许可申请行政审批 155 件（原特区内业务），办理信访投诉 58 件。其中行政许可 122 件，审核通过许可 70 件；一般事项 33 件，审核通过申请事项 18 件。新增一类企业 3 家，二类企业 5 家，三类企业 29 家，依申请注销企业 1 家。

（三）2016 年行业发展概况

1. 重安全、严监管，推广使用密闭式泥头车

（1）加强泥头车精细化管理并大力开展整治工作。

①制定了《深圳市港航和货运交通管理局关于进一步强化泥头车、罐式车达标管理及规范“两牌两证”办理有关事项的通知》，对新申请达标的企业从严审核，对存量达标资质企业实行动态管理，与企业安全生产事故和安全管理情况挂钩。今年以来，已取消了 25 家企业的达标资质。截至目前，深圳市共有泥头车运输资质达标企业 129 家，具有合法资质的营运泥头车 8 265 辆；达标罐式车企业 55 家，具有合法资质的营运泥头车车辆 4 037 辆。

②对深圳市新天昊工程运输有限公司等 12 家今年以来发生致人死亡交通事故且负主要以上责任的企业，进行了 5—10 天的停业整顿，近 1 000 辆泥头车在部九窝内部停车场进行了集中停放停业整顿，并将现有不良行为记录规定同诚信评价工作相结合。今年以来，对在经营中发生违规行为的 322 车辆记为不良行为记录，共暂扣档案号牌 1 610 天，共进行 GPS 监控违规行为通报 10 次，通报超速企业 225 家次、车辆 796 车次。

（2）推广使用密闭式泥头车。

2015 年 8 月，深圳市政府六届六次常务会议议定深圳市住建局全面加强工程施工企业管理，制定深圳市泥头车密封标准并抓好监督检查，据此深圳市提出推广密闭式泥头车工作

任务。2016 年，深圳市港航货运局作了大量工作推进此项工作：一是组织制定了《深圳市新型全密闭式智能渣土车推广工作方案》，提出推广措施；二是完成《深圳市新型全密闭式智能泥头车推广更新补贴测算研究》；三是完成《深圳市新型全密闭式智能泥头车推广更新社会稳定风险评估研究》。由于此项工作牵头部门为深圳市住房建设局，杨洪常委于 2016 年 12 月 14 日召开专题会议审议了整体推广工作，具体推广工作将在 2017 年开展。

2. 抓规范、标准化，强区放权

（1）汽车维修行业监管部门职能调整。2016 年 8 月 31 日，组织完成了汽车维修行业行政审批监管工作交接和业务培训。工作重心逐步转移到统筹、指导、监督三个方面。

（2）取消颁发机动车维修技术人员从业资格证件。根据国务院《关于第二批取消 152 项中央指定地方实施行政审批事项的决定》（国发〔2016〕9 号）和《机动车维修管理规定》（第二次修正版）的要求，深圳市港航货运局已发文取消颁发机动车维修技术人员从业资格证件，并相应修改了行政许可审批条件。

（3）危运管理建立了新增运力预审核和业务办理指标核查机制。引入新增危运车辆预审核制度，改变现行先购车再申请审批的方式，避免企业购买车辆后因审批时间过长造成车辆闲置而产生不必要的经营成本；同时，优化危运车辆以旧更新办理条件和流程，鼓励企业积极淘汰旧车，提高危运车辆安全技术水平。

（4）编制危运企业应急能力及应急预案。为进一步完善深圳市危运企业应急预案，提高企业的应急能力，优化整合行业的应急资源及应急措施，深圳市港航货运局组织编制了全市危运企业突发事故应急预案，同时，对全市危运企业应急需求及应急单位应急能力进行了评估。

3. 提效率、智能化，实现互联网 + 道路运输新模式

（1）开展深圳港集装箱单证交换服务工作，优化港区作业环境。深圳市港航货运局道路货运管理处组织开展了深圳港集装箱运输单证交换服务工作，以达到优化集装箱拖车驾驶员停车打单（EIR 单）环节的操作，提高各相关单位运作效率，缓解港口后方陆域交通拥堵状况。该服务从 10 月 31 日试运行。目前共有 1 632 个企业用户（码头 4 家，船公司 8 家，堆场 20 家，拖车公司 1 600 家），注册并通过认证的拖车驾驶员 7 140 个，试运行以来共办理业务 2 158 单。

（2）规范道路普通货运车辆《道路运输证》业务事项。2016 年 6 月 23 日，深圳市港航货运局印发《深圳市港航和货运交通管理局关于规范道路普通货运车辆〈道路运输证〉业务事项的通知》（深港货〔2016〕69 号），并于 2016 年 8 月 19 日开始实施。明确了《道路运输证》业务的即来即办、安全生产审查、窗口审核负责制及监督管理四大原则，并统一《道路运输证》业务事项的材料清单及办事流程。真正实现简化办事程序、提高办事效率的目标。

（3）推进道路危险货物运输管理系统建设。危险货物运输智能监管系统的主要功能包

括业务办理、政府监管、企业管理、电子运单，可实现各项信息查询、业务办理、动态监控、档案与报表管理等功能。10 月 17 日，深圳市港航货运局开展了对企业进行管理系统的操作培训工作，目前已完成企业基本信息以及从业人员信息的录入工作并初步投入使用。

4. 搞产业、低碳化，改善环境空气质量

（1）持续开展 LNG 车辆推广及补贴申报工作。根据《深圳市建设绿色低碳交通城市区域性项目 LNG 货运车辆首批节能减排专项资金使用方案》要求，2016 年已经对 200 台车辆发放补贴资金共 400 万元。

（2）积极开展纯电动物流车推广工作。深圳市港航货运局办理道路运输证的电动物流车 412 辆，据新能源汽车推广中心统计，上牌的电动物流车约 9 000 辆。

（3）推动汽修行业转型升级，开展汽车后市场创新大会。深圳市港航货运局组织召开了 2016 年汽车后市场创新大会，从行业趋势发展、创新升级、大数据应用、互联网 + 落地等方面引导行业发展，搭建助推汽车后市场企业发展的可靠平台，全面促进汽修行业转型升级，促进汽车维修企业经营和服务水平的提升，做到跨界融合，诚信经营，创新发展。本次大会向与会企业解明了汽车后市场行业发展的实际情况和趋势，增进了业内交流，取得了圆满成功。

（4）喷漆车间有机废气排放治理工作。根据《深圳市治污保洁工程领导小组办公室关于印发〈2016 年深圳市治污保洁工程实施方案（含第一批任务表）〉的通知》（深治污办〔2016〕5 号）要求，为加快推进深圳市以细颗粒物（PM2.5）为特征的复合型大气污染防治工作，进一步改善环境空气质量，保障市民身体健康，提升城市竞争力，建设绿色宜居的生态文明示范市，促进城市可持续发展，深圳市港航货运局于 2015 年正式开展喷漆车间有机废气排放治理工作。截至目前，目前已完成改造或特殊情况企业共计 488 家，其中原特区内 211 家。

5. 发预警、市场化，促进企业诚信经营

（1）完成企业年度诚信评价工作。按照考核方案，现场检查企业 500 家，评为 AAAA 级（优秀）的企业 17 家，占总数的 3.4%；AAA 级（优良）460 家，占总数的 92%；AA 级（合格）19 家，占总数的 3.8%；A 级（基本合格）1 家，占总数的 0.2%，B 级（不合格）3 家，占总数的 0.6%。危运板块：73 家危运企业，评为 AAAA（优秀）的企业 7 家，占总数的 9.6%；评为 AAA（优良）的企业 66 家，占总数的 90.4%。维修板块：对全市 779 家一、二类汽车维修企业进行诚信评价，在《广东省道路运输企业诚信信息网》中：评定为 AAAA 级（优秀）的企业共 422 家，占总数的 54%；评定为 AAA 级（优良）的企业共 347 家，占总数的 45%；评定为 AA 级（合格）的企业共 10 家，占总数的 1%；评定为 A 级（基本合格）、B 级（不合格）的企业为 0 家。

（2）组织开展道路集装箱拖车供需状况分析及价格指数测算研究。为促进集装箱拖车运力规模与港口集疏运需求相匹配，促进合理运输价格形成，深圳市港航货运局组织开展深圳市道路集装箱拖车供需状况分析及价格指数测算项目研究工作，通过定期发布运力供需指数和价格指数，引导市场主体科学决策，提高资源配置效率。

二、客运部分

（一）推动行业规范管理

一是统筹报送深圳市 2016 年度汽车客运站建设计划，促进站场完善设备设施，优化运输组织和换乘衔接。二是组织开展 2016 年汽车场站建设资金的申报工作。三是坚持“简政放权、业务下沉、市场配置、方便企业”的基本原则，通过业务流程的进一步梳理优化，做好部分道路客运业务办理流程调整为备案管理的相关工作。四是开展全市道路客运企业 2015 年度诚信评价考核工作。组织完成深圳市 80 家道路客运企业质量信誉市级评审工作，企业初评为 AAAA 级 8 家，AAA 级 70 家，AA 级 1 家(其中深圳市龙行天下旅游巴士有限公司为 2015 年 12 月新注册企业不参加 2015 年评审)，进一步完善优胜劣汰的竞争机制和市场退出机制，引导道路运输企业规范经营行为，提高服务质量。五是出台了《道路旅客运输车辆购置批复申领业务办理指南》，规范了车辆购置批复的办理业务。六是核发了县际包车客运标志牌，填补了县际包车经营期限、续期等规范化管理的空白。

（二）强化行业安全监管

一是深化“平安交通”建设，开展“平安交通”建设交通运输秩序等专项整治工作。二是强化道路客运安全监管，加强异地违规行为的监控与整改。截至 10 月，共与外地市交流获取违章信息 929 车次，涉及客车 752 辆。相关违章行为均已登记备案并限期敦促整改，核查率 100%，函复率 96%。三是加强应急管理，在加强节假日应急组织工作的同时，开展应急演练、突发事件风险隐患排查和整改等工作。四是组织草拟了《深圳市道路客运行业安全生产警示制度》，对未严格落实安全生产主体责任的生产经营单位予以提前预警，减少违法违章行为，有效预防与控制各类生产安全事故。五是印发《市交通运输委关于印发深圳市汽车客运站安全生产“双随机”检查工作实施方案的通知》（深交字〔2016〕653 号），率先以汽车客运站作为试点对象，开展随机抽取检查对象、随机选派检查人员的“双随机”检查机制，成为深圳市交通运输行业推广“双随机”检查机制的排头兵。

（三）推动行业节能减排

1. 积极落实纯电动通勤旅游客车的投放工作

2016 年，共计投放 8 家企业共 440 个纯电动通勤旅游客车指标，目前 8 家客运企业均已办理道路运输经营许可证，320 台纯电动通勤旅游客车已办理道路运输证。

2. 积极推进 LNG 液化天然气客车投放工作

截至10月，已有108台LNG客车投入营运。6家客运企业共123辆LNG汽车申请2016年深圳市循环经济与节能减排第一批专项资金，补贴共246万元（2016年已拨付200万元）。

（四）探索行业改革试点

引导一批客运企业以管理创新和互联网信息化技术应用开展改革试点，加大新能源车辆的应用，通过建设综合运输公共信息服务平台，拓展服务链条，开展自主组客、个性化出行、联程联运等试点项目。促进提升深圳市道路客运行业服务水平，进一步满足人民群众日益增长的高品质、个性化运输需求。深圳市已有深圳市斯为美汽车运输有限公司、深圳市运发集团股份有限公司、深圳市西湖股份有限公司、深圳市炬星运输实业有限公司、深圳市中交出行科技有限公司和深圳市恒誉光明运输集团有限公司六家客运企业申请了个性化出行服务等试点项目，目前已有深圳市斯为美汽车运输有限公司、深圳市运发集团股份有限公司、深圳市西湖股份有限公司和深圳市中交出行科技有限公司四家企业获省厅批准开展试点项目。

（五）推进行业智能发展

1. 通过《客运行业强化营运车辆动态监控及安全监测研究》课题项目

通过第三方的专业智能研究，对行业安全管理的政策进行梳理，提出道路客运行业安全管理发展的可行性方案。

2. 通过《深圳市道路客运行业智能化综合监管技术服务》智能项目开发行业智能化综合监管系统

目前全市3级以上37家汽车客运站已全部按要求接入视频监控系统，为实行汽车客运站的可视化管理提供了必要的手段。

（六）加强对外协调沟通

1. 密切保持与省交通运输厅的业务联系

多次参与省厅组织的调研工作，就行业的发展、业务流程的调整和改革试点等具体工作积极向省厅请示，汇报深圳市道路客运工作情况，优化业务办理流程并提出相关建议。

2. 加强与其他地市交通主管部门的业务交流

与广州市运管局等其他兄弟单位就安全管理、互联网客运平台、班车进站、智能化建设等内容进行了交流与学习。

湛江市2016年道路运输工作情况介绍

一、道路旅客运输

2016年，全市道路客运行业深化改革进一步推进，优化结构、创新服务、简政放权、联网售票等有效实施。积极引导客运企业创新求变，提前应对湛江高铁时代即将到来对道路客运行业的冲击。

（一）市场主体

截至2016年年底，全市道路旅客运输业户为42户，比2015年减少5户，企业平均车辆规模略有增长，由2015年59.5辆/户上升为65.6辆/户。其中，经营班车客运的有39户，经营包车客运的有7户，两者兼营的有4户，班车客运业户中经营农村客运的有23户。

（1）班车客运

全市班车客运业户为39户，比2015年减少了6户，户均车辆规模略有增长，由2015年57.9辆/户增加为64.8辆/户。其中，拥有100辆及以上的业户为10户，拥有50~99辆的业务为8户，拥有10~49辆的业户为18户，拥有10辆以下的3户。

（2）包车客运

全市包车客运业户为7户，比2015年增加了1户，户均车辆由2015年的31.7辆/户增长为32.9辆/户。

（3）从业人员

截至2016年年底，全市道路旅客运输从业人员2.97万人，比2015年下降了1%。其中，道路客运驾驶员2.6万人，乘务员0.37万人。

（二）客运车辆

截至2016年年底，全市营运客车（不含出租车、公共汽车，下同）为2 757辆，总客位数为94 355个，平均客位为34.2个/辆，比2015年平均客位32.2个/辆增长2个客位。从车辆等级看，与2015年相比，高级车增加了8.8%，中级车基本不变，普通车减少了67.7%。

从车长看，与2015年相比，大型车增加了8%，特大型车和小型车基本持平，中型车减少了7%。

（三）客运线网

1. 班车客运

截至2016年年底，全市共有客运班线615条，其中省际班线104条，市际班线282条，跨县班线182条，县内班线67条。

（1）省际客运

全市开行外省的营运客车89辆，开行至广西、湖南、湖北、海南、云南、贵州、重庆、福建、浙江等省，其中以广西、海南方向的营运客车最多，分别为64辆和9辆，两者共占全市开行外省的营运客车总数的82%。

（2）市际客运

全市跨市客运车辆共778辆，以开行至广州、深圳、珠海三市的营运客车最多，分别为281辆、130辆和61辆，三者占全市开行外市营运客车总数的60.7%。

2. 包车客运

截至2016年年底，全市共有包车客运车辆230台，客位11 391个。其中，高级车177辆，中级车53辆，普通级车0辆。

3. 农村客运

全市于2012年已实现有通车条件的行政村客车通达率100%的目标。至2016年年底，全市共有农村客运车辆959辆，客位24 042个，完成客运量1 324万人次。

全市开行农村客运班线157条，平均日发班次5 667班次/天。

按照省交通运输厅“2016年全省新增通客车建制村700个”的工作目标及下达我市的任务计划，积极推进建制村通客车工作，至2016年年底，我市共有29个行政村新开通农村客运，超额完成省厅下达我市年内开通21个行政村农村的客运任务。

（四）客运站场

截至2016年年底，全市共有等级客运站26个，其中一级站1个，二级站6个，三～五级站19个。简易站及招呼站1 675个。

2016年5月，我市汽车客运站复核工作全部完成，共有41家汽车客运站通过了站级复核。通过此次站级复核，促进我市客运站站容站貌、设施设备持续改善，服务质量、站务管理和旅客集疏运能力进一步提高，更好地满足群众出行的需求。

（执笔人：徐小娟；参与人：柯华进）

二、道路货物运输

（一）市场主体

1. 数量及规模

截至 2016 年年底，全市道路货物运输经营业户 24 686 户。其中企业业户 723 户，个体业户 23 963 户。总体来看，全市道路货运业户数呈下降趋势，普通货物运输业零散化趋势不变。

2. 普通货运

业户总数达 24 468 户，占道路货运业户总数的 99%。其中，普通货运个体运输户 23 911 户，占道路货运业户总数的 96.9%，道路货运个体业户基本上聚集在普通货运领域。

3. 集装箱运输

业户总数 123 户，其中，车辆数 100 辆以上企业 1 户，50~99 辆企业 3 户，10~49 辆企业 42 户，9 辆以下企业 25 户，个体运输户 52 户。

4. 危险货物运输

业户总数 21 户，其中，车辆数 50~99 辆企业 5 户，10~49 辆企业 12 户，5~9 辆企业 4 户。

5. 从业人员

截至 2016 年年底，全市直接从事道路货运业务的从业人员 35 185 人，其中道路货物运输驾驶员 32 701 人。

（二）货运车辆

1. 总体结构

截至 2016 年年底，全市营运货车保有量 24 591 辆，吨位 240 822 吨，分别比 2015 年增长 2.7% 和 18.2%。其中，小型车 15 488 辆、吨位 20 980 吨，车辆数减少 1.8%、吨位增长 0.9%；中型车 332 辆、1 109 吨，减少 20.6%、18%；大型车 8 771 辆、吨位 218 732 吨，增长 13.4%、20.5%。车辆大型化转变明显。

从车辆数量来看，小型车占比 63%，以小型车为主的局面没有发生改变，但从吨位数来看，大型车占比已超过 90%，主干地位明确。

随着我市钢铁、炼化等大项目逐步投产，湛江港货物吞吐量不断攀升，我市的营运货车，尤其是大吨位货车、集装箱车在近几年仍将呈现逐年增长的态势。

2. 普通货车

车辆数与吨位数分别为 22 739 辆、187 030 吨，占全市货运车辆的 92.5%、77.7%，平均吨位 8.23 吨。

3. 集装箱车

车辆数与总吨位数分别为 1 294 辆、43 807 吨，分别比 2015 年增长了 159 辆、5 485 吨；平均吨位约 33.8 吨，和 2015 年基本持平。

4. 危运货车

全市危运货车 753 辆，总吨位 18 479 吨，分别比 2015 年增长了 33 辆、428 吨；平均吨位约 24.5 吨，比 2015 年略有下降。

（三）货运相关业务

截至 2016 年年底，全市主要道路货运相关服务经营业户共 47 户，其中物流服务 31 户，货运代办 16 户。

（四）主要做法及成效

2016 年 3 月，湛江市道路集装箱运输行业协会挂牌运作，行业协会的成立，有利于促进我市集装箱运输企业合作发展，优势互补，实现行业自律，维护行业合法权益，保障集装箱运输业规范运作、健康发展。

开展重型货车专项整治。2016 年 1 月 5 日—3 月 5 日，在全市范围组织开展为期 2 个月的重型营运货车专项整治行动。通过开展重型货车排查清理、严格车辆综合性能检测、强化驾驶员培训教育、联合交警部门打击重型货车违章行为等系列行动，有效地促进我市道路货物运输行业安全有序发展。

开展道路危险货物运输专项整治。2016 年 9—11 月，在全市范围开展了为期 3 个月的危险货物运输专项整治，通过加大源头安全隐患排查治理、严格危运企业及车辆准入、加大危运市场监管执法力度，促进企业规范经营，保障运输安全。

我市道路货物运输行业在 2016 年度未发生亡人交通事故。

（执笔人：高文彤；参与人：徐小娟）

三、城市公交客运

（一）市场主体及规模

全市公交经营业户 16 户，公交运营车辆 1 756 辆。湛江市区共有公交车 1 324 辆，其中：新能源公交车 698 辆，占比 53%；市区公交线路 101 条；市区共有公共自行车租赁点 472 个，公共自行车 10 000 辆。

（二）主要做法及成效

1. 打造绿色公交

配合城市中心城区提质扩容，建设绿色生态示范城市和低碳生态社区，加大新能源公交车投入，打造绿色公交升级版。继续实施广东省新能源汽车推广应用示范工程，坚持绿色低碳发展理念，鼓励企业购置新能源公交车，2015 年新增新能源公交车 390 辆，2016 年又新购 340 辆。

2. 加强公交场站设施建设，强化公交发展基础

适应纯电动公交车推广使用需要，启动升级麻章区枢纽公交站，建成麻章区公交站场配套充电桩 2 个及充电架 13 个，进一步提升绿色公交发展支撑能力。筹备保利原点广场公交首末站建设，加快建设赤坎区海田公交枢纽站准备投入使用，不断改善公交车调度停靠条件。启动西连接线综合公交枢纽站建设，尽快完成设计方案编制和立项审批工作，加快项目施工建设，助推西城新区开发。

3. 加快调度监控平台建设，促进公交运行智能化

市公交公司完成全部营运公交车智能设备安装，继公交车免费 WIFI 百分百覆盖后，再次实现公交车智能化百分百覆盖。市公交公司智能调度监控系统完成搭建，顺利上线投入试运行，公交营运管理服务智能化水平明显提升。加快发展互联网 + 公交服务，发布湛江行讯通手机 APP，形成具备综合交通出行一站式服务功能的掌上公交升级版，提升市民出行服务水平。

4. 加密公共自行车租赁点，助力建设脚印城市

坚持市场化方向，引入专业化企业，推进建设公共租赁自行车系统，补充常规公交服务，打通市民出行“最后一公里”，倡导绿色低碳出行，助力脚印城市建设。正式启动公共自行车租赁系统，共有自行车 10 000 辆、自行车租赁点 472 个。公共自行车租赁点延伸覆盖麻章区、坡头区，实现中心城区建成区全覆盖。

5. 开通双层旅游巴士服务，实现观光公交多元化

支持发展旅游公交，首次开通寸金公园至渔港公园 1 条双层巴士旅游公交线路，投入 6 辆双层巴士，形成都市慢行旅游流动风景线，丰富旅游观光公交服务。加快水上观光巴士发展，拓展服务航线 4 条，形成陆上观光 + 水上观光的特色旅游观光公交服务体系。

（执笔人：李静）

四、出租汽车客运

（一）市场主体及规模

全市共有出租汽车企业 20 家，出租汽车 1 618 辆，其中市区企业 13 家，出租汽车 1 193 辆，

全部使用CNG和清洁汽油双燃料。2016年市区更新206辆、新增120辆出租汽车。

（二）主要做法及成效

2016年根据国务院办公厅《关于深化改革推进出租汽车行业健康发展的指导意见》（国办发〔2016〕58号）和国家七部委公布的《网络预约出租汽车经营服务管理暂行办法》（部令2016年第60号）的有关要求，结合湛江市实际，推进行业改革工作的落实。

一是彻底解决出租汽车经营权有偿和无限期使用问题。自《广东省出租汽车管理办法》实施后，湛江市区即时取消出租汽车经营权的有偿使用。涉及无限期使用经营权问题，分别有雷州市和吴川市，共有150辆，在这次出租汽车专项整治工作中，两地均已制定过渡解决方案，并通过签订经营权使用协议的方式，明确现有无限期经营权自车辆投放之日起满8年后（车辆达到报废期限）无条件收回。对今后新投放的出租汽车经营权期限一律按5+3方式执行，即首次签订期限为5年，满5年后，对服务质量和车辆技术性能审核通过的，再续签3年，达不到审核标准的将直接收回经营权。至此，湛江市无限期出租汽车经营权问题得到彻底解决。

二是逐步调整利益分配、改善劳资关系。为维护行业稳定和政策延续性，对现有出租汽车经营权的使用，我们按照原定承包合同和相关协议执行，但在2016年上半年，为应对网约车的冲击，市交通运输局采取相关措施，督促出租汽车企业主动与驾驶员共同承担经营压力，下调了部分承包费用，有效稳定了驾驶员队伍。2016年下半年，湛江市区326辆出租汽车经营权投放工作严格按照国务院《指导意见》的相关要求进行操作；同时，为规范承包费用，由出租汽车行业协会牵头，制定承包经营工作方案，合理下调现行承包费，施行市区统一定价，并向社会公开收费项目和标准，再通过自愿报名和摇号的方式公开招聘驾驶员，以此简化、透明承包经营程序，维护经营者的知情权、选择权，促进劳资关系的改善。

三是积极稳妥推进网约车规范管理工作。《湛江市网络预约出租汽车经营服务管理暂行办法》于11月24日—12月9日向社会公开征求意见，按照《湛江市人民政府规章立项办法》的有关规定，已将该办法纳入2017年市政府规章立项项目办理。

四是加强日常监管，提升服务质量。坚持每月将乘客投诉、执法查处、运管巡查情况做成红头文件并通报相关业务部门和企业，建立查处通报长效机制，将通报情况列入出租汽车行业各种考核和出租汽车经营权配置的评分依据，做实企业管理主体责任，切实提升市区出租汽车行业管理水平和服务质量，为我市树立良好的公共服务窗口形象。

（执笔人：宋劲松）

五、机动车维修

（一）市场主体

1. 维修业户

截至 2016 年年底，全市共有机动车维修经营业户 2 164 户。其中，一类维修业户 15 户，和 2015 年持平；二类维修业户 228 户，比 2015 年增加 11 户；三类维修业户 938 户，比 2015 年减少 22 户；摩托车维修业户 982 户，比 2015 年减少 3 户。

2. 维修从业人员

全市从事机动车维修经营从业人员约 23 000 人次，户均维修从业人员为 9.57 人次。

（二）维修量

2016 年全年共完成汽车维修量 510 685 辆次。其中，整车修理 112 266 辆次，总成修理 15 859 辆次，二级维护 89 044 辆次，专项修理 231 545 辆次。

（三）主要做法及成效

1. 严格把好机动车维修市场准入关

对新申报经营汽车摩托车维修企业（户）的，严格按照《机动车维修管理规定》和《汽车维修业开业条件》或《摩托车维修业开业条件》规定的许可程序和条件进行认真审核。2016 年，市区新申报经营机动车维修企业（户）共 12 户，符合开业条件或经限期整改符合开业条件的维修企业（户）11 户予以交通行政许可。据统计，市区汽车摩托车维修企业（户）共 228 户。其中：一类汽车维修企业 13 户、二类汽车维修企业 117 户、三类汽车维修业户 75 户、摩托车维修业户 23 户、从业人员 14 800 多人，基本上建立机动车维修服务网络，较好地为车主提供车辆技术保障服务。

2. 切实抓好机动车维修企业诚信评价工作

2016 年对市区 130 家二类以上汽车维修企业开展 2015 年度诚信评价工作，被评为 AAA 级的企业 26 户，AA 级 31 户，A 级 48 户，B 级 14 户。同时，通过开展机动车维修企业诚信评价工作，吊销了 3 户维修企业的行政许可。

（执笔人：陈发茂；参与人：舒韬）

六、机动车驾驶培训

（一）培训机构

至2016年年底，全市共有普通机动车驾驶员培训机构19户，其中，一级2户，二级11户，三级6户。

（二）培训量

2016年全市完成机动车驾驶员培训约60 000人次，比2015年增加约10 000人次，培训完成量有较大幅度提高。

（三）教学车辆和教练员

至2016年年底，全市共有机动车驾驶培训教学车辆1 217辆，与2015年基本持平；教练员共有1 900人次。

（四）主要做法及成效

以“互联网+”为契机，加强信息化管理与服务。建立驾培服务平台，推广使用“先培训、后付费”服务模式，运用服务平台，提供培训全过程双向信息共享，促进行业监管和学员服务信息有效对称；运用互联网开展学员满意度测评，加强消费者对驾培机构及教练员服务质量的监督。

开展驾培机构诚信评价工作。2016年，全市交通运输主管部门根据《广东省交通运输厅关于开展道路运输企业诚信评价工作的通知》要求，组织开展2015年度机动车驾驶员培训机构诚信评价工作。全市19家驾培机构参加了评价，其中AAA级18家，AA级1家。

（执笔人：劳立珍）

七、道路运输智能化服务

（一）12328交通运输服务热线

我市12328交通运输服务热线电话由湛江市交通运输局信息管理中心负责，该中心安排专职工作人员24小时值班接听电话，详细登记来电内容，并将有关电话内容录入12328交通服务系统。中心以全心全意为人民服务为宗旨，坚持“群众利益无大小”的原则，尽职尽责为市民提供优质服务，能马上办理的马上办理，不能马上办理的耐心向市民解释，及时转交给有关部门办理，并及时将办理结果答复来电市民，取得了良好的社会效应。2016年，中心热线总话务量为 5 160 个，其中交通信息咨询类 3 370 个，投诉举报类来电 870 个，建议类来电 1 210 个。

（二）湛江市交通视频监控平台二期工程

市交通运输局正在启动建设湛江市交通视频监控平台二期工程。二期工程将与省执法指挥系统协同建设，将海安港、徐闻北港、湛江港、机场、客运站、火车站及其他重点交通部位的视频监控都纳入二期工程建设，实现交通重点关键点的全方位实时监控，这将大大提升局安全监管水平，同时也较好地完善我市交通执法的信息化手段，进一步提升市局的执法水平。目前市交通运输局与市交警支队的数据共享通信电路已开通，且已实现部分营运车辆卫星定位监控数据的共享；执法指挥系统与下面各接入点的视频传输接口正在开发中。机场、火车站、客运站的监控视频已汇聚到公交管理中心，下一步将接入交通视频监控平台。另外，将在市区湖光路口、好好诊所路段、岭南师范学院门口、湛江卫校门口、凯德广场、党校至世贸大厦路段等重点交通部位安装监控设备，并接入市交通视频监控平台。

（三）营运车辆卫星定位监管平台

完成湛江市各县（区、市）交通运输局重点车辆监管子平台建设。为确保各县（区、市）交通运输局更好监管辖区内的重点营运车辆，局信息管理中心委托华云科技有限公司开发湛江市各县（区、市）交通运输局的重点车辆监管子平台，该系统于 2016 年 9 月正式上线，系统经过 2 个月的正式运行，运行情况正常、稳定。

完善营运车辆卫星定位监管平台。年初市局营运车辆卫星定位监管平台主要监管“两客一危”及 12 吨以上重型货车，这与省厅要求监管的八类重点车辆有一定的差距。为更全面地监管营运车辆，中心与平台开发商、平台服务商、公交企业、出租车企业等多方协调，争取将出租车、公交车、教练车全部纳入平台的监管。经过努力，大部分符合部标协议的出租车、公交车、教练车已接入中局监管平台，剩下的不符合部标协议的出租车、公交车、教练车将由有关企业逐步更换设备再接入系统。下一步，市局将采取专网模式，直接从电信运营商读取数据以防止平台服务商篡改数据，且增加从业资格 IC 卡读卡功能，更全面地监管营运车辆和当值驾驶员的状况。

至 2016 年年底，全市入网车辆数为 27 984 辆，其中，客运班车 2 663 辆、旅游包车 232 辆、危运货车 620 辆、重型货车 6 038 辆、出租客运车 1 622 辆、普通货运 14 498 辆、教练车 1 184 辆、其他车辆 207 辆，上线车辆数为 7 242 辆，客运班车、旅游包车、危运货车上线率为 100%。

（执笔人：叶超）

八、道路运输安全管理

（一）道路运输事故情况

2016 年全市道路运输行车事故指标同比呈下降趋势，全年全行业杜绝了较大及以上生产安全责任事故发生，全市道路运输行业安全生产形势总体稳定。据统计，2016 年全市共发生道路运输行车事故 16 宗，死亡 16 人。与去年相比，事故宗数持平，死亡人数减少 14 人，同比下降了 46.67%。

（二）主要做法

1. 落实安全生产责任制

一是层层签订安全生产责任书，明确安全生产责任和管理目标，年终组织开展安全生产目标管理考评，考核结果在全市交通运输系统进行通报。二是强化安全生产“一岗双责”制度，切实把“党政同责、一岗双责”“管行业必须管安全、管业务必须管安全、管生产经营必须管安全”的工作要求落到实处。三是制定下发《2016 年交通运输安全生产工作要点》，有计划、有重点地推进各项工作深入开展，不断深化科学发展、安全发展理念，建立健全安全生产长效管理机制。

2. 加强重点时期安全监管

是认真抓好元旦、春节、清明、“五一”、中秋、国庆等节假日和春运重点时期交通运输安全生产工作。及时召开专题会议进行全行业动员部署，分析安全生产形势，明确安全保障工作目标和要求，并提前组织各级交通运输主管部门和企业开展安全生产检查督查和自查自纠，全面排查安全生产隐患，落实安全生产防范措施。同时组织开展节前安全生产综合督查，加强安全检查和工作指导，切实保障传统节假日和春运重点时期交通运输安全稳定。2016年共组织14个安全生产综合督查组深入各地各单位，排查和整治安全问题和隐患195项。

3. 加强重点领域、重点部位安全监管

认真履行“三把关一监督”管理职责，严格落实运输企业市场准入、营运车辆技术性能、从业人员资格准入、汽车客运站场监督管理等环节安全监管措施，切实强化源头安全监管。继续深入开展道路运输领域“打非治违”专项行动，全年全市共查处道路运输违法案件 4 965 宗，查处违法超限超载车辆 3 363 辆，卸货总量 3.1 万吨。继续深化道路运输领域安全专项整治，开展危险化学品道路运输安全隐患专项整治工作，联合公安、安监等部门开展我市 2016 年“道路运输平安年”活动，重点解决道路客运、道路危运、道路货运等领域突出问题。继续强化营运车辆动态安全监管，督促企业全面落实动态监控主体责任，及时制止和查处超速、GPS 不在线、疲劳驾驶、不按指定线路经营、不按指定站点上下客等违法违规行为。强化事故警示教育作用，督促抓好事故隐患整改工作，对发生事故的 10 家运输企业、

经营同一线路的 74 台营运车辆进行停业整顿。

4. 加强安全隐患排查治理

一是认真开展风险点、危险源排查整治专项行动。根据《交通运输领域城市风险点、危险源排查整治工作方案》要求建立了行业风险点、危险源数据库和电子图，初步实现了风险点、危险源风险分级分类管控目标。二是督促抓好市挂牌督办的重大安全事故隐患整改工作。督促抓好开发区东海大道民安环岛财边标志牌和徐闻县城长途客运私设上下客运点两项重大安全事故隐患整改工作并通过市安委会验收。

5. 认真开展“安全生产月”活动

围绕“打造本质安全，共享平安交通”活动主题，开展一系列安全生产宣传教育活动，营造良好的交通文化社会氛围。一是开展主题宣讲活动。在全市交通运输系统组织开展“安全生产与管理”征文活动，并邀请专家开展“安全生产月”消防安全知识讲座。二是开展学习共进系列活动。在全市组织开展“平安工地”现场成果展示和经验交流活动，着力推进“平安交通”建设工作。三是组织实施事故隐患排查专项行动。通过企业全面自查、政府部门督导检查，促进安全生产各项工作落实。四是开展安全生产宣传咨询日活动。发放各类安全宣传资料 95 份，播放宣传片 15 次，营造活动浓厚氛围。五是组织开展危运车辆泄漏火灾事故应急救援演练活动，并组织全市各级交通运输管理部门和交通运输企业管理人员共计 250 余人次观摩学习。

6. 稳步推进交通运输企业安全生产标准化建设

2016 年年底全市已完成道路运输企业安全生产标准化三级达标考评 176 家，其中包括道路运输（含道路危险货物运输）企业 116 家，城市客运企业 34 家，机动车维修企业 26 家。

（执笔人：谢荣华；参与人：吴友香）

九、新能源车辆推广应用

截至 2016 年底，湛江市累计推广应用节能与新能源公交车 1 178 辆（纯电动公交车 425 辆、LNG 液化天然气公交车 753 辆），其中 2016 年度新增及更新的新能源公交车辆 320 辆；市区出租汽车保有量 1 193 辆，均为 CNG 环保车型。

2016 年，湛江市加大黄标车淘汰力度，市环保、公安、交通运输、财政、商务等多部门加强联动，落实责任，采取措施，真抓实干，全年淘汰黄标车 13 749 辆，超额完成省下达的 12 894 辆黄标车淘汰任务。

（执笔人：谢荣华）

2016 年广东道路运输大事记

1 月

1 月 1 日，省道路运输管理局正式启用官方微信公众号，公众及道路运输企业可及时了解道路运输行业动态，查询我省道路运输企业诚信数据、车辆 GPS 监控数据、运证业务办理进度等相关信息以及在线提交意见与投诉。

1 月 7 日，2016 年全省交通运输工作会议在广州召开。省交通运输厅曾兆庚厅长在会上作讲话，总结回顾了“十二五”期间全省交通工作，对“十三五”开局进行部署。刘志庚副省长出席会议并讲话，传达了省委、省政府主要领导对交通运输工作的重要批示。

1 月 12 日，省交通运输厅印发《关于做好 2016 年道路水路春运工作的通知》（粤交运〔2016〕42 号）。

1 月 23—24 日，省交通运输厅刘晓华副厅长到韶关市检查指导春运工作。

1 月 25 日，朱小丹省长到省交通集团调研春运工作。

1 月 27 日，“广东交通出行”手机 APP 和微信公众号正式上线，提供城际客运出行、轻轨出行、水路客运出行以及高速公路沿线等信息，以智慧综合交通服务平台的角色为乘客提供便利。

1 月 28 日，公安部、交通运输部联合下发《关于做好机动车驾驶人培训考试制度改革工作的通知》（公交管〔2016〕50 号）。

1 月 29 日，“广东联网售票”APP 正式上线，为公众提供全省 21 个地市约 352 个客运站的汽车客票查询购买、团购定制、联程联运等“一票到家”的出行服务，并提供过港班车客票业务，与江苏省实现了客票联网。

1 月 30 日，省人民政府办公厅下发《广东省交通运输综合改革试点工作实施意见》（粤办函〔2016〕59 号）。

2 月

2 月 4 日，省交通运输厅印发《广东省公共交通一卡通管理办法》（粤交运〔2016〕130 号）。

2 月 5 日，何忠友副省长到省交通运输厅调研春运工作情况，重点了解乐广高速韶关段、京港澳高速粤境北段等出省通道的车流及通行情况，并详细询问了琼州海峡春运有关情况。

2 月 17 日，何忠友副省长到省交通运输厅调研交通运输工作，详细了解我省交通运输“十二五”发展情况和“十三五”的目标任务。

3月

3月3日，2017年春运圆满收官。春运期间，全省公路累计发送旅客9 038.5万人次，同比下降7.2%；省内共计发送旅客8 618.7万人次，同比下降7.2%；省际共计发送旅客419.8万人次，同比下降7.8%。

3月8日，省交通运输厅印发《广东省交通运输厅2016年运输工作要点及运输服务更贴近民生实事》（粤交运〔2016〕143号）。

3月22日，中国道路运输协会旅客运输工作委员会在广州召开2016年主任办公会议，省交通运输厅刘晓华副厅长就广东客运行业转型升级问题作了重要讲话。

4月

4月11日，交通运输部发布《关于修改〈道路旅客运输及客运站管理规定〉的决定》（交通运输部令2016年第34号）、《关于修改〈道路货物运输及站场管理规定〉的决定》（交通运输部令2016年第35号）、《关于修改〈道路危险货物运输管理规定〉的决定》（交通运输部令2016年第36号）。

4月19日，交通运输部发布《关于修改〈机动车维修管理规定〉的决定》（交通运输部令2016年第37号）。

4月20日，交通运输部下发《关于进一步规范〈道路运输车辆技术管理规定〉实施工作的通知》（交办运〔2016〕59号）。

4月21日，交通运输部发布《关于修改〈机动车驾驶员培训管理规定〉的决定》（交通运输部令2016年第51号）、《关于修改〈道路运输从业人员管理规定〉的决定》（交通运输部令2016年第52号）。

4月21—22日，交通运输部运输服务司王水平副司长率调研组到我省开展“多式联运技术与装备创新应用和多式联运发展经济社会贡献评价”专题调研工作。

5月

5月23—25日，省道路运输管理局在深圳组织开展全省机动车驾驶培训改革相关政策宣贯培训。各地负责驾培行业管理的科长和业务骨干、机动车驾驶培训行业协会负责人、各地部分驾培机构负责人共约140人参加培训。

5月24日，广东省交通运输厅新版公众网（http://www.gdcd.gov.cn/）正式上线。

5月25日，省交通运输厅印发《关于调整道路客运许可事项变更办理流程的通知》（粤交运〔2016〕571号）。

5月27日，省交通运输厅联合省发改委组织申报的中外运（广东）“东盟—广东—欧洲”公铁海河多式联运示范工程项目成功入选国家多式联运示范工程项目。

5月27日，省交通运输厅、省公安厅、省安全生产监督管理局联合印发《广东省2016年“道路运输平安年”活动实施方案》（粤交运〔2016〕502号），部署2016年“道路运输平安年”活动。

6月

6月6日，交通运输部政策研究室徐成光主任带队调研我省交通运输综合改革试点工作推进情况。

6月12—15日，国务院办公厅调研组一行到我省调研车联网创新发展有关情况。

7月

7月12日，省人民政府办公厅转发《省公安厅 省交通运输厅关于推进机动车驾驶人培训考试制度改革实施方案》（粤府办〔2016〕77号）。

7月18日，省交通运输厅、省公安厅、省安全监管局联合印发《关于加强凌晨2时至5时营运客车运行管理的通知》（粤交运〔2016〕610号）。

7月19日，我省首家出租车行业人民调解委员会——黄石街出租车行业人民调解委员会在广州市白云区黄石街家庭综合服务中心揭牌成立。

7月20日，省交通运输厅刘晓华副厅长带队赴西藏调研部署对口帮扶工作，对拉萨市和林芝县道路运输管理机构、拉萨西郊客运站、柳梧客运站、工布江达超限超载检查组进行实地考察，并与西藏自治区交通运输厅签订了道路运输援助合作备忘录（草案）。

7月26日，国务院办公厅公布《关于深化改革推进出租汽车行业健康发展的指导意见》（国办发〔2016〕58号）。

7月27日，交通运输部等国务院七部门联合颁布《网络预约出租汽车经营服务管理暂行办法》（交通运输部、工业和信息化部、公安部、商务部、工商总局、质检总局、国家网信办令2016年第60号）。

7月28日，由省交通运输厅主办、省道路运输管理局承办的“感动交通人物”事迹巡展在广州启动。本次“感动交通人物”通过全市交通系统、社会各界的推荐，网络投票和专家评审最终推选出10名“感动交通人物”。

7月28日，广东省小件快运网络平台“网上飞巴士速递”上线启动仪式在广州举行，标志着传统小件快运成功转型升级“互联网+巴士速递”。

8月

8月9日，省交通运输厅正式成立新能源汽车推广应用工作小组，并印发《广东省交通运输厅推广应用新能源汽车任务分工方案》（粤交运函〔2016〕1971号）。

8月11日，交通运输部下发《关于推进供给侧结构性改革促进物流业“降本增效”的若干意见》（交规划发〔2016〕147号）。

8月15—16日，省道路运输管理局在江门组织召开深化出租汽车改革政策宣贯会，贯彻落实《国务院办公厅关于深化改革推进出租汽车健康发展的指导意见》和国家有关部委联合颁发的《网络预约出租汽车经营服务管理暂行办法》。各市、县两级交通运输主管部门（运管机构）出租汽车行业管理负责人和业务骨干共约200人参加会议。

8月16日，省交通运输厅发文公布首批“互联网+”运输服务试点项目、道路客运“互联网+”深化改革试点企业名单（粤交运〔2016〕901号）。

8月16日，省交通运输厅印发《2016年中国（小谷围）“互联网+交通运输”创新创业大赛活动实施方案》（粤交运〔2016〕900号）。

8月18日，交通运输部办公厅、公安部办公厅联合下发《整治公路货车违法超限超载行为专项行动方案》（交办公路〔2016〕109号）。

8月18—20日，省道路运输协会在江门举办汽车客运站营运客车安全例行检查人员培训班，全省共21个地市（区）的客运站安全例检人员445人参加培训。

8月19日，交通运输部发布《超限运输车辆行驶公路管理规定》（交通运输部令2016年第62号）。

8月26日，交通运输部发布《关于修改〈出租汽车驾驶员从业资格管理规定〉的决定》（交通运输部令2016年第63号）、《关于修改〈出租汽车经营服务管理规定〉的决定》（交通运输部令2016年第64号）。

8月26日，交通运输部下发《关于推进改革试点加快无车承运物流创新发展的意见》（交办运〔2016〕115号）。

8月26日，全国首个ETC（不停车电子收费系统）服务的“互联网+汽车”移动应用、粤通卡旗下车生活服务平台——粤通卡ETC车宝正式上线。

9月

9月12日，交通运输部、国家工商行政管理总局共同制定《机动车驾驶培训先学后付、计时收费模式服务合同（示范文本）》（GF-2016—2002）。该合同从2016年10月1日起实施。

9月29日，“悦行APP”正式发布。该APP从售票业务、定制业务、包车业务入手，实现车次查询、车票购买、线路定制的一键操作，按照“互联网+”的思维方式为乘客移动在线购票、出行定制和在线支付。

10月

10月10日，2016年道路运输行业转型升级（广州）峰会在广州举行，共同探讨道路运输行业转型前路，交流分享深化改革创新经验。

10月12日，由省道路运输协会和省交通工会委员会联合主办的广东省道路运输行业首届羽毛球联谊赛在广州海珠体育中心圆满落幕。

10月12日，第六届公交都市发展论坛（深圳）暨2016全国中小城市公交发展高峰论坛在深圳开幕。

10月18日，广东省交通运输厅、西藏自治区交通运输厅共同举办中国东西部“互联网+交通运输”创新合作高峰论坛。10月15—18日，双方牵头组织东部企业走西部技术交流与合作洽谈活动。

10月18日，广东省云浮飞驰新能源汽车生产基地投产仪式在佛山（云浮）产业转移工业园举行，标志着我省规模最大的氢能源客车生产基地正式竣工投产。

10月27日，省交通运输厅、省教育厅、省公安厅、省人力资源和社会保障厅、省总工会联合印发《广东省道路运输从业人员素质提升工程工作实施方案》（粤交运〔2016〕1108号）。

10月28日，全省道路运输从业人员素质提升工作会议在广州召开。会议提出要实施路运输从业人员素质提升工程，坚持道路运输从业人员数量与质量并重发展的总思路，着力培育“工匠精神”，建立职业化、终身化教育培育新模式，全面提升从业人员整体素质与能力。

11月

11月1日，省道路运输协会机动车驾驶员培训分会在深圳举办《机动车驾驶培训教学和考试大纲》宣贯会，全省465家驾培企业的536名代表、各地市交通运输主管部门分管驾培工作的负责人95名和38名地市协会代表参加了会议。

11月15日，广东省7地市全国交通一卡通互联互通开通仪式在广州举行，韶关、惠州、江门、河源、揭阳、云浮、肇庆7个地市100条公交线路的1 071辆车可使用全国交通一卡通。

11月15日，2016年中国（小谷围）“互联网+交通运输”行业转型升级创新大赛之电子支付分赛暨2016（第四届）岭南通创新者大会在广州举办，会上举行了“一通粤新”联名卡发布仪式。这是岭南通继与八达通、澳门通成功合作后，实现跨境合作的又一突破。

11月30日，全省机动车驾驶培训监管服务平台应用试点总结暨推进服务模式改革现场会在顺德召开，会议对前期驾培改革试点工作进行总结，督导2016年度驾培服务模式改革任务，对全面推进我省3年驾培改革工作进行再次动员部署。

11月30日，2016年广东省大中型道路运输企业总经理联席会议在江门召开。

是月，省交通运输厅陆续印发《广东省交通运输科技“十三五”发展规划》（粤交科〔2016〕1277号）、《广东省交通运输节能减排“十三五”发展规划》（粤交科〔2016〕1279号）、《广东省交通运输信息化“十三五”发展规划》（粤交科〔2016〕1313号）三个“十三五”发展规划。

12月

12月4日，《21世纪海上丝绸之路货运物流通道与枢纽节点规划》项目通过专家评审，省交通运输厅李静厅长到评审会现场关心项目情况并与专家讨论交流，刘晓华副厅长出席会议并作总结讲话。

12 月 6 日，交通运输部公布《关于修改〈道路旅客运输及客运站管理规定〉的决定》（交通运输部令 2016 年第 82 号）。

12 月 12 日，2016 年中国（小谷围）“互联网 + 交通运输”创新创业大赛颁奖大会在广州市广东科学中心举行，交通运输部总工程师周伟、广东省人民政府副秘书长钟旋辉、交通运输部运输服务司副司长蔡团结等领导出席了颁奖大会。大赛历时 4 个月，设立了交通运输行业转型升级创新大赛、互联网交通运输融合创业大赛和中国大学交通运输学院创客大赛三项专业赛事，涉及客运、物流、航运、轨道交通、停车、修车、学车、车联网、公路建设、出行与拯救、交通支付、交通大数据、新能源新材料等十几个方面 50 多个细分领域，直接参与到大赛相关活动的单位累计超过 3 000 家。经过角逐，广东粤运交通拯救有限公司的“基于互联网的交通拯救实施方案与出行安全保障平台”项目，深圳市聚电网络科技有限公司的“聚电网络科技——电动汽车充电智能运营平台”和中南大学的“高温暴晒下车体恒温系统——车肺”项目，分别获得创新、创业、创客大赛一等奖。

12 月 13 日，广东省汽车租赁行业协会成立。

12 月 18 日，第九届广东省汽车维修行业高峰论坛在肇庆召开。

12 月 21 日，交通运输部、财政部等 6 部门联合下发《关于鼓励支持运输企业创新发展的指导意见》（交运发〔2016〕227 号）。

12 月 28 日，交通运输部等 18 个部门联合下发《关于进一步鼓励开展多式联运工作的通知》（交运发〔2016〕232 号）。

12 月 31 日，交通运输部下发《关于深化改革加快推进道路客运转型升级的指导意见》（交运发〔2016〕240 号）。

（执笔人：邱灏旋）

2016年广东道路运输基本数据

道路运输生产完成情况对比表

指 标 名 称	计算单位	2016年实绩	2015年实绩	同比（%）
道路客运量	万人	101 925	98 050.44	3.95
道路客运周转量	万人公里	10 793 300	10 349 388.12	4.29
道路货运量	万吨	272 386	255 994.66	6.4
道路货物周转量	万吨公里	33 767 600	31 088 111.29	8.6
城市公共交通客运量	亿万	125.2	132.7	–5.68
机动车维修	万辆次	4 769.1	4 811.8	–0.89
驾驶员培训	万人次	242	234.8	3.1

道路运输市场主体基本情况表

指标名称	类 别	经营业户（户）	车辆数（辆）	从业人员（人）
道路客运	合计	898	39 329	338 909
其中	班车客运	630	26 915	—
	旅游客运	2	—	—
	包车客运	359	11 585	—
	国际道路旅客运输	162	—	—
道路货运	合计	553 288	698 353	898 109
其中	普通货运	548 485	508 061	831 778
	集装箱运输	5 500	9 222	—
	危险货物运输	820	14 244	54 028
	大型物件运输	126	9 634	—
城市客运	合计	676	132 472	250 150
其中	轨道交通	4	719	39 231
	城市公交	261	61 379	96 700
	出租汽车	411	70 374	114 219
出入境运输	港澳直通客运	149	1 784	1 623
机动车维修	合计	52 489	—	367 224
其中	汽车维修	36 739	—	—
	摩托车维修	15 056	—	—
驾驶员培训	合计	903	61 926	90 697